A FORD

El bebé satisfecho

Una guía para padres
que desean ver a su hijo seguro,
tranquilo y feliz

TU HIJO Y TÚ

Título del origininal: THE CONTENTED LITTLE BABY BOOK

© De la traducción:
JULIA FERNÁNDEZ TREVIÑO, Psicóloga clínica

© 1999. Gina Ford
© 2001. De esta edición, Editorial EDAF, S.A, por acuerdo Vermilion, Ebury Press, Random House, 20 Vauxhall Brigde Road, London SW1V 2SA (U. K.)

Editorial Edaf, S. A. Jorge Juan, 30. 28001 Madrid
Dirección en Internet: http://www.edaf.net
Correo electrónico: edaf@edaf.net

Edaf y Morales, S. A.
Oriente, 180, n°. 279. Colonia Moctezuma, 2da. Sec.
C.P. 15530. México, D.F.
http://www.edaf-y-morales.com.mx
edaf@edaf-y-morales.com.mx

Edaf y Albatros, S. A.
San Martín, 969, 3.°, Oficina 5.
1004 Buenos Aires, Argentina
Edafal3@interar.com.ar

Mayo 2001

Depósito Legal: M. 19.495-2001
ISBN: 84-414-0900-5

PRINTED IN SPAIN   IMPRESO EN ESPAÑA
IMPRIME: Ibérica Grafic, S.L. - Fuenlabrada (MADRID)

Índice

Págs.

Agradecimientos

M E GUSTARÍA AGRADECER a los Hodgsons por su maravillosa amistad y constante apoyo: a Keith, por su valiosa ayuda para transformar mis Programas de Actividades y mi Plan de Alimentación, de forma que solo baste una sola mirada para comprenderlos y resulten más sencillos para los padres, y a Janetta, por su infinita paciencia y por todas las noches que pasó conmigo ayudándome a modificar mis borradores, a veces algo difíciles de entender, en un manuscrito comprensible y de fácil lectura que finalmente entregué a mi editora Joanna Carreras. A ella le agradezco su apoyo y su paciencia mientras escribía este libro y todos los cambios e ideas excelentes que me propuso.

Tengo una deuda especial con mi querida prima Sheila Eskdale y con mis amigos especiales Jane Revell y Joanne Amps. Sus interminables llamadas telefónicas y notas de aliento han supuesto para mí un enorme apoyo emocional.

Finalmente, desearía agradecer a los cientos de padres de todo el mundo que han compartido sus bebés conmigo. Sin sus experiencias y su continua información a lo largo de los años este libro no hubiera sido posible.

GINA FORD
Mayo de 1999

Palabras preliminares

Un libro diferente sobre los bebés

ON LA GRAN CANTIDAD de información disponible sobre el tema de la crianza de los niños desde su nacimiento, resulta una tarea difícil para los padres saber por dónde empezar. Si usted dispone de algún tiempo libre después del embarazo para leer sobre los cuidados posnatales, descubrirá que no hay información sobre cómo hacer frente al día a día ni nada que la ayude a comprender de una forma rápida y fácil los cambios que tendrán lugar de semana en semana.

Aquí es donde entra en acción Gina, con sus guías de hora en hora y de semana en semana, para que usted sea capaz de ofrecer a su bebé un programa de actividades sensato. En este libro, la autora le ofrece una serie de guías que indican cómo se modifican las necesidades del bebé y de sus padres, de una forma tan sencilla que con una simple mirada usted será capaz de comprender esta nueva vida, día por día y semana tras semana.

Independientemente de que usted alimente a su bebé con el biberón o con lactancia materna, Gina le ofrece una orientación práctica para las tareas de un día típico, ayudándola a ocuparse de su bebé y también de sí misma mientras le enseña a comprender las diferentes etapas evolutivas que atravesará su hijo. Luego, cuando las necesidades alimenticias de su bebé se modifiquen, le mostrará cómo iniciar el proceso del destete y la introducción de alimentos sólidos, ofreciéndole consejos sobre cómo y por qué modificar el menú del bebé.

Gina ha ayudado a cuidar a más de 300 bebés, que representan un feliz testimonio de lo útil que puede resultar un programa de actividades. Se apoya en su experiencia práctica para ayudar a los padres a conseguir lo mejor para su bebé

y utiliza ejemplos reales de problemas que se ha visto obligada a afrontar para ayudar a los lectores a comprender y resolver cualquier problema que pudiera surgir.

KEITH HODGSON

*Padre de Jake Jupiter Hodgson, nacido el 2-1-96,
un verdadero bebé de Gina que duerme 12 horas por
las noches, siempre ha comido bien y es un niño feliz
y satisfecho en todos los sentidos.*

Introducción

L A MAYORÍA DE LOS LIBROS sobre los bebés que existen en el mercado en la actualidad han sido escritos por médicos, psicólogos u otros profesionales. Su información se basa en sus propios hijos o en los padres e hijos que han participado en sus estudios de investigación. La información médica y los textos sobre el desarrollo infantil pueden resultar interesantes, pero uno debería preguntarse cuán útiles pueden ser para la madre primeriza que tiene que afrontar las interminables demandas de un bebé.

Por ejemplo, la mayoría de los libros le informarán que es normal que un bebé se despierte varias veces cada noche y que usted debería alimentarlo cada vez que el bebé lo desee y permitirle encontrar su propio ritmo de sueño. Para los autores de dichos libros, este enfoque no representa necesariamente un problema ya que pueden realizar su trabajo probablemente en cualquier momento del día para adaptarse a las horas del sueño del bebé. ¿Pero qué pasa con los padres que deben levantarse a las 7 de la mañana para ocuparse de sus hijos mayores o comenzar una jornada laboral a las 9 de la mañana? Tras unas pocas semanas, el hecho de despertarse continuamente puede reducir al más sano de los seres humanos a una completa ruina. Probablemente le comunicarán que las cosas mejorarán con el tiempo; sin embargo, estudios recientes demuestran que el 85 por 100 de los niños siguen despertándose por la noche cuando tienen un año. Los expertos en bebés no disponen de ninguna respuesta; muchos de ellos experimentan el mismo síndrome de las noches insomnes, pero probablemente no sufren tanto como otros padres que deben someterse a un estricto programa de actividades y a trabajos extenuantes.

El tema de los bebés es de enorme importancia. Observen las estanterías de cualquier librería y encontrarán docenas y docenas de libros sobre bebés. Hojeen las páginas dedicadas al sueño y a la alimentación y encontrarán prácticamente el mismo consejo en todos ellos: «Acune a su bebé, paséelo, póngalo al pecho para que se duerma, colóquelo en una mochila para bebés o llévelo a dar una vuelta en el coche». Todos los días miles de padres repiten estas actividades, algunos durante meses, otros durante años. Ahora lea la segunda parte: «Cómo resolver los problemas de sueño de sus hijos». En estos libros se afirma que la razón por la que su bebé tiene problemas para dormir es que ha aprendido cuáles son las asociaciones incorrectas, es decir, que usted lo acune, le dé el pecho o lo lleve a dar un paseo para que se duerma. La solución que ofrecen para este problema es que, si usted es suficientemente fuerte, utilice el método controlado del llanto, que básicamente quiere decir dejar que su bebé llore hasta que se duerma. Esto a veces puede suponer escucharlo llorar dos horas unas cuantas noches hasta que aprenda a dormirse solo.

Vale, ¿y por qué no dejarlo simplemente llorar desde el primer día para que aprenda a dormir? La respuesta a esta pregunta, según los libros que ocupan algunas estanterías, es que dejar llorar al bebé podría causarle un daño psicológico para toda la vida. Como ya he dicho, los libros son un «asunto importante», grandes cantidades de teorías y muy pocas respuestas. El resultado es que usted tiene que salir a comprar el siguiente.

La diferencia que supone mi libro es que está basado en años de experiencia práctica. He cuidado a cientos de bebés diferentes y he convivido con ellos. Ofrezco consejos reales y prácticos para conseguir un buen ritmo de alimentación y de sueño desde el primer día, evitando de este modo meses de noches insomnes, cólicos, dificultades en la alimentación y muchos otros problemas que los expertos consideran normales.

Los diferentes programas de actividades le enseñarán a reconocer la diferencia entre el hambre y el cansancio y le ayudarán a satisfacer todas las necesidades de su bebé, que estará feliz y satisfecho y dormirá durante toda la noche a partir de las seis o diez semanas. Mis consejos le ayudarán a reconocer qué es exactamente lo que su bebé pide. Ha sido muy efectivo para cientos de madres y sus bebés en todo el mundo; también puede serlo para usted.

Finalmente, por ninguna razón en particular, y con la esperanza de que esto no ofenda a nadie, me refiero siempre a la madre como «ella», al padre como «él» y al bebé como «él».

1

Preparación al parto

C UANDO SE HABLA de la preparación al parto, lo primero que surge en la mente son los cuidados prenatales y la decoración de la habitación del bebé. Ambos son importantes. Los cuidados prenatales son de gran importancia para disfrutar de un embarazo sano y esenciales para preparar a la madre para el parto; decorar la habitación del bebé es muy divertido. En la mayoría de las clases de preparación al parto se ofrecen algunos consejos para la etapa posterior al nacimiento que a veces omiten sugerencias prácticas que podrían ahorrarle a los padres tiempo y estrés tras el nacimiento de su bebé.

Si sigue usted mis programas de actividades desde el primer día, tendrá la fortuna de tener un bebé satisfecho y feliz y también un poco de tiempo para sí misma. Sin embargo, como observará usted en mis gráficos y en dichos programas, el tiempo libre es extremadamente limitado (pero las madres que no siguen un programas de actividades tienen aún menos tiempo libre). Dispondrá usted de poco tiempo para preparar la comida, hacer la compra, la colada, etc., a menos que haya contratado a una persona que le ayude

Sin embargo, dispondrá usted de un poco más de tiempo libre después del parto si antes de que nazca el bebé se ocupa de lo siguiente:

- Comprar todo lo necesario con anticipación. A veces las tiendas tardan más de 12 semanas en entregar las cunas; será muy ventajoso comprar desde el principio una cuna grande (véase la página 22).

- Lavar y preparar toda la ropa de cama, las gasas y las toallas. Preparar la cuna, el moisés y el coche para el bebé y todo lo necesario para el cuidado del bebé, de modo que esté a mano en cuanto usted llegue a casa del hospital.
- Preparar todas los artículos esenciales para el bebé. Aceite para el bebé, pañales, cremas hidratantes, toallitas para bebé, esponjas suaves, cepillo, espuma para el baño y champú.
- Comprobar que todo el equipo eléctrico funciona correctamente. Aprender a utilizar el esterilizador y a montar los biberones.
- Escoger un sector de la cocina donde se pueda preparar y esterilizar los biberones. Lo ideal sería que estuviera debajo de un armario donde se guardara todo el equipo necesario para alimentar al bebé.
- Almacenar jabón en polvo, materiales de limpieza y suficientes rollos de papel de cocina e higiénico para unas seis semanas.
- Preparar y congelar una amplia selección de comidas caseras. Si usted da el pecho a su bebé, debería evitar los alimentos comercializados que tienen aditivos y conservantes.
- Almacenar artículos como té, café, galletas, etc.; será inevitable que durante el primer mes reciba muchas visitas y pronto se quedará sin víveres.
- Comprar regalos y tarjetas de cumpleaños para los próximos cumpleaños familiares. Disponer de una buena selección de tarjetas de agradecimiento para todos los regalos que reciba.
- Ponerse al día con todas las tareas que deban realizarse en la casa o en el jardín. Lo último que usted deseará cuando nazca el bebé es la presencia de trabajadores yendo y viniendo por su casa.
- Si da el pecho a su bebé, deberá solicitar la máquina para extraer la leche de sus pechos con mucha anticipación, pues tienen mucha demanda.

La habitación del bebé

Como la mayoría de los padres, probablemente también desearán que el bebé duerma en la misma habitación que ustedes durante la noche. Sin embargo, debo destacar la importancia de tener preparada la habitación del bebé a su regreso del hospital. Con excesiva frecuencia, las madres me llaman en pleno ataque de pánico pidiéndome consejo sobre cómo conseguir que un bebé de tres meses se acostumbre a dormir en su propio dormitorio. Podrían haberse evitado muchas lágrimas y mucha ansiedad si la madre hubiera acostumbrado al bebé a dormir solo desde el primer día. En su lugar, durante las primeras semanas el bebé echa una cabezada o se queda dormido por la tarde en un asiento del coche y luego se lo lleva a la habitación de los padres para la última toma y para pasar la noche. No debe sorprendernos que estos bebés se sientan abandonados cuando finalmente se los hace dormir solos en una habitación oscura que no les es familiar.

Desde el principio se debería utilizar la habitación del bebé para cambiarle los pañales y para que duerma durante el día. Por la noche, después del baño, es aconsejable alimentarlo allí y dejarlo jugar en su dormitorio de siete a diez de la noche. Luego se lo puede pasar a la habitación de los padres tras la última toma para que sea más sencillo alimentarlo en mitad de la noche. Si el bebé se acostumbra a su habitación desde el comienzo, pronto disfrutará al estar allí y lo considerará un refugio tranquilo y no una prisión.

He descubierto que cuando mis bebés son muy pequeños y están excitados o pasados de sueño, se calman inmediatamente cuando los llevo a su habitación. Y a las seis semanas sonríen abiertamente cuando los llevan a su dormitorio para bañarlos y ponerlos a dormir.

Decoración y mobiliario

No es esencial gastar una fortuna en decoración y mobiliario para equipar la habitación del bebé. Una habitación con paredes empapeladas con dibujos de ositos de felpa haciendo juego con las cortinas y la ropa de cama pronto se transforma en algo muy aburrido. Las paredes lisas pueden iluminarse fácilmente con una greca de colores vivos y acaso un bastidor para cubrir la barra de las cortinas a juego con las grecas y un alzapaños; esto facilita la tarea de adaptar la habitación mientras el bebé crece y evita la necesidad de volver a decorarla. (Otra forma económica y divertida de dar vida a la habitación es utilizar hojas de papel de regalo para niños como carteles, pues son brillantes y coloridos y se pueden cambiar con frecuencia.)

Se debería tener en cuenta las siguientes sugerencias al elegir el mobiliario y los accesorios para la habitación del niño.

La cuna

Muchos libros para bebés aconsejan que no es necesario una cuna para los primeros días, pues los niños son más felices en un moisés o en una cuna pequeña. No estoy convencida de que sean más felices ni que duerman mejor de esta forma. Como ya he mencionado, prefiero que mis bebés se acostumbren a la cuna grande desde el primer día, y jamás he tenido ningún problema, como les sucede a algunos padres cuando los niños ya no entran en el moisés y empiezan a dormir toda la noche en la cuna.

Al elegir una cuna es importante recordar que será la cama de su bebé durante al menos dos o tres años. Por lo tanto, deberá ser lo suficientemente sólida para aguantar a un niño brincando. Incluso los bebés más pequeños terminan por moverse cuando están en la cuna.

Elija un diseño que tenga barras planas en vez de redondas, ya que si el bebé hace presión con su cabeza contra una barra redonda le resultará más doloroso. Poner en la cuna objetos para amortiguar los golpes no es aconsejable para bebés menores de un año, pues a menudo terminan durmiendo con la cabeza metida entre ellos, y como el calor escapa del cuerpo a través de la parte superior de la cabeza, corren el riesgo de no ventilarse y de que aumente su temperatura corporal, lo que está considerado como una de las causas que contribuyen a la muerte súbita.

Los otros elementos que hay que tener en cuenta al elegir una cuna son:

- Que tenga dos o tres niveles diferentes de altura.
- Los laterales deben ser fáciles de bajar y subir sin emitir ningún ruido. Compruébelo varias veces.
- Debe ser lo suficientemente grande como para que un niño de dos años duerma cómodamente.
- Las barras de la cuna no deben tener menos de 2,5 cm de separación y no más de 6 cm. Cuando el colchón esté en la posición más baja, la distancia máxima entre el colchón y la parte superior de la cuna no debería exceder los 65 cm. La separación alrededor del borde del colchón no debería superar los 4 cm.
- Compren el mejor colchón que esté a su alcance. Los colchones de gomaespuma tienden a hundirse en la parte central a los pocos meses. El mejor que he encontrado es el típico colchón de algodón con muelles en el interior.

Ropa para la cuna

Todo debería ser de algodón blanco al 100 por 100 para poder lavarlo con agua caliente junto con la ropa que use el bebé por las noches. Debido al riesgo de abrigarlo excesivamente o incluso de asfixiarlo, los edredones no son recomendables para bebés menores de un año. Si desea comprar una colcha para la cuna de su bebé, deberá ser 100 por 100 algodón y no llevar relleno de nailon. Aquellas madres que sean habilidosas con una máquina de coser podrán ahorrar una gran cantidad de dinero confeccionando las sábanas y las sabanillas para la parte superior del colchón, donde el bebé apoya la cabeza, a partir de una sábana de algodón de una cama de matrimonio.

Serán necesarios como mínimo los siguientes artículos:

* Tres sábanas bajeras ajustables de algodón. Elija un algodón suave de tipo tejido de punto en vez del algodón tipo toalla, que se desgasta y se pone áspero muy rápidamente.
* Tres sábanas encimeras de algodón suave. Evite las de franela, que producen muchas pelusas y pueden obstruir la nariz del bebé causándole problemas respiratorios.
* Tres mantas de algodón de tejido celular más una de lana para las noches más frías.
* Seis sabanillas de algodón suave de las que se usan en el coche del bebé. Son sábanas pequeñas que se usan para las cunas pequeñas y los coches, pero son también ideales para colocar en la parte superior de la sábana bajera, donde el bebé apoya la cabeza, eliminando así la necesidad de tener que cambiar toda la cuna en mitad de la noche en el caso de que su bebé babee o vomite.

Lugar destinado para cambiar al bebé

Hay equipos especiales diseñados para cambiar al bebé que tienen en la parte superior un colchón para ubicar al bebé y debajo dos estanterías para pañales y el resto de los artículos necesarios. Una vez más, debo decir que gran parte de los equipos diseñados especialmente para los bebés no son muy prácticos. Las razones principales son que la parte superior nunca es lo suficientemente grande como para incluir un cuenco con agua para limpiar al bebé, de modo que es necesario colocar una mesa a su lado. También resulta difícil acceder a los artículos guardados en el fondo de las estanterías que, debido a su profundidad, resultan difíciles de limpiar y mantener ordenadas.

Sin lugar a dudas, el mejor sitio para cambiar al bebé que he utilizado es un pequeño mueble alargado que consiste en cajones y un armario. La parte superior tiene la longitud necesaria para contener la colchoneta y en el extremo

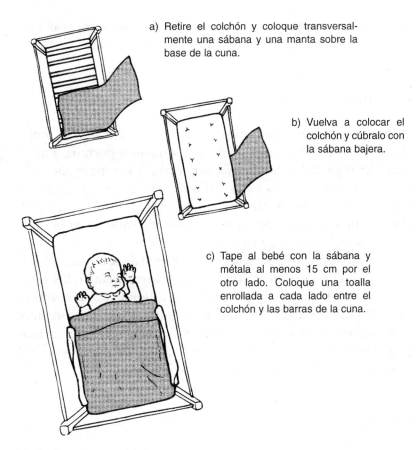

a) Retire el colchón y coloque transversalmente una sábana y una manta sobre la base de la cuna.

b) Vuelva a colocar el colchón y cúbralo con la sábana bajera.

c) Tape al bebé con la sábana y métala al menos 15 cm por el otro lado. Coloque una toalla enrollada a cada lado entre el colchón y las barras de la cuna.

Modo de preparar la cuna

inferior hay espacio suficiente para colocar el cuenco para la limpieza y todos los elementos necesarios para cambiar los pañales del bebé. Los cajones se pueden utilizar para guardar los pijamas y la ropa interior, las gasas y los baberos. Y en el armario se pueden guardar los artículos de mayor tamaño, como los paquetes de pañales y los cuencos para la limpieza. A veces estos muebles tienen una mesa lateral extensible que se puede replegar cuando no se necesita para ahorrar espacio.

Si está usted decidido a tenerlo todo a juego, creo que algunos fabricantes de muebles para bebés tienen diseños parecidos al que acabo de mencionar que hace juego con la cuna, aunque resultan muy caros. Es posible encontrar algo más económico y de un estilo similar al de la cuna.

El armario

Un armario hecho a medida suele ser una buena inversión para la habitación del niño, puesto que le permitirá mantener la ropa del bebé limpia, ordenada y sin arrugas y a la vez le ofrecerá un espacio valioso para guardar todos los demás objetos que terminará por acumular. Sería mejor colocar el armario en un corredor o pasillo para mantener la habitación del niño libre de ruidos.

Si no fuera posible encargar ese armario, intente comprar uno de los que pueden conseguirse con frecuencia en las rebajas por muy bajo precio. No caiga en la tentación de comprar uno de esos armarios «tan monos» especialmente diseñados para bebés, pues a los pocos meses le resultará demasiado pequeño y muy poco práctico para responder a las necesidades de los bebés que crecen tan rápidamente.

Una silla

Independientemente de que la habitación del bebé sea pequeña, debe intentar encontrar un espacio para una silla. La silla ideal se podría también utilizar para darle el pecho al bebé, de modo que debería tener un respaldo recto y tener el ancho necesario para usted y su bebé. Y también debe tener apoyabrazos para que usted esté más cómoda. Más adelante le servirá para tener en brazos a su niño mientras le lee un cuento por la noche. Muchos padres se inclinan por una mecedora; sin embargo, esta puede resultar peligrosa cuando el bebé comience a moverse e intente sostenerse de pie sujetándose en la silla. En las etapas más tempranas también puede ser tentador calmar al bebé con el movimiento de la silla hasta que se duerma, pero precisamente esta es una de las principales causas por las que un bebé desarrolla hábitos de sueños negativos.

Las cortinas

Las cortinas deberían ser largas y completamente forradas con un material que no deje pasar la luz. Es de suma importancia que estén sujetas por un riel y que estén al mismo nivel de la parte superior de la ventana. Sería ideal que tuvieran un bastidor a juego para cubrir el riel de las cortinas que también estuviera forrado con una tela que impida el paso de la luz. No debería haber separaciones entre la parte lateral de las cortinas y el marco de la ventana; incluso el menor rayo de luz puede ser suficiente para despertar a su bebé antes de la 7 de la mañana. Por la misma razón, se deberían evitar las barras para las cortinas, puesto que la luz se filtra por la parte superior. Cuando el bebé crezca, quizá no se vuelva a dormir si se ha despertado a la 5 de la madrugada por la luz del sol o las luces de la calle.

Estoy tan convencida de que una habitación a oscuras favorece los hábitos del buen dormir que no utilizaría una habitación que no tuviera ambas cortinas forradas con el material que he indicado y una persiana especial que mantenga el dormitorio del niño a oscuras. Cuando las luces estén apagadas y las cortinas echadas, debería estar suficientemente oscuro como para que usted fuera incapaz de ver a su pareja de pie al otro lado de la habitación. Las investigaciones han demostrado que las sustancias químicas del cerebro se alteran en la oscuridad condicionándolo para el sueño. Esta es una de las razones por las que en los primeros días de vida hago que mis bebés duerman en una habitación oscura.

Alexander: tres años de edad

Alexander tenía tres años cuando comencé a cuidar a su hermana recién nacida. Era un niño a quien alimentaban siempre que lo pedía, y por consejo de la enfermera de la maternidad se permitió que él encontrara su propio ritmo de sueño. A los nueve meses aún se despertaba varias veces por noche, y sus padres estaban tan agotados y desesperados por la falta de sueño que decidieron probar el método para dormir de Richard Ferber (véase Lecturas aconsejadas). *Durante una semana, cada vez que se despertaba por la noche se lo dejaba que conciliara nuevamente el sueño por sí mismo; sus padres estaban atentos a lo que hacía, pero no le dirigían la palabra. Gradualmente dejaron de acudir a su habitación para atenderlo. Al final de la semana el niño dormía desde la 7 p. m. hasta las 5 a. m., pero una vez despierto estaba preparado para comenzar el día. Los padres aceptaron que se despertara tan temprano; después de tener que levantarse varias veces cada noche durante nueve meses estaban agradecidos de que durmiera 10 horas seguidas.*

Sin embargo, cuando tuvieron a su segundo hijo advirtieron que este hábito de Alexander era bastante incompatible con el cuidado de un nuevo bebé. Les sugerí que probaran que el niño se fuera a la cama más tarde, pero ellos lo habían intentado en muchas ocasiones y el niño siempre se despertaba a las 5 de la mañana.

También habían intentado dejarlo llorar, pero esto había resultado bastante difícil porque el niño casi siempre se despertaba gritando: «Me he hecho caca». Si no le hacían caso, intentaba cambiarse solo el pañal, lo que terminaba por ser un verdadero lío.

Observé a Alexander durante varios días. Como se despertaba tan pronto, a las 11 de la mañana ya estaba cansado y necesitaba dormir una siesta que a veces duraba hasta dos horas. Sugerí a sus padres que le permitieran dormir la siesta durante solo 45 minutos, puesto que de lo contrario conciliaría un sueño profundo y sería muy difícil despertarlo. También me ocupé de su dieta, porque evidentemente había algún motivo para que sus intestinos se pusieran en movimiento tan temprano por la mañana. Aconsejé a sus padres que le dieran la principal comida de proteínas al mediodía y que por la tarde tomara los carbohidratos. También me interesé por la cantidad de fruta y frutos secos que consumía durante el día, especialmente por la tarde, y me aseguré de que los tomara antes de las 3 p. m. El cambio en la dieta modificó su actividad intestinal y el niño ya no se hacía caca a las 5 de la mañana. Sin embargo, desgraciadamente seguía despertándose a esa hora.

Más tarde me di cuenta que cuando íbamos a su habitación a las 5 de la mañana él estaba de pie junto a la ventana, que no tenía cortinas sino únicamente una persiana. Aunque oscurecía bastante la habitación, la luz se filtraba por la parte superior y por los laterales. Estaba convencida de que este era el motivo principal por el que el niño no lograba volver a dormirse. Pero era difícil convencer a sus padres. La habitación de su hermanita tenía persianas y cortinas que la oscurecían completamente, y cuando el bebé tenía un mes ya dormía toda la noche desde su última toma y tenían que despertarla a las 7 cada mañana. Esto contribuyó a que los padres de Alexander se convencieran de la importancia de una habitación completamente oscura, y entonces colocamos cortinas en las ventanas y un bastidor sobre el riel de las cortinas, ambos fabricados con una tela oscura.

Cuando Alexander se despertaba, estaba tan oscuro que ya no podía dirigirse hacia la ventana. Yo lo atendía cada vez que lloraba y le repetía las mismas palabras, sin que me importara tener que ir a verlo varias veces por noche. Entonces le decía: «Aún no es de día; sé un buen chico y vuelve a dormirte hasta que papá venga a buscarte». No entablaba ninguna conversación con él; a cualquier cosa que me dijera le respondía con las mismas palabras. Al cabo de una semana seguía despertándose a las 5 a. m., pero pronto se dormía hasta las 7 a. m. Tras dos semanas, el niño dormía desde las 7 p. m. hasta las 7.30 a. m. Un año más tarde sigue durmiendo hasta las 7-7.30 a. m., y estoy convencida de que el principal problema era la luz. Todos los bebés y los niños pequeños tienen un sueño ligero o se despiertan entre las 5 y las 6 a. m., pero si la habitación está a oscuras es mucho más probable que se vuelvan a dormir.

La hermana de Alexander, que tiene ahora 15 meses, jamás se ha despertado antes de la 7 a. m., a pesar de dos resfriados y varios viajes al extranjero. ¡Cuando la familia sale de viaje, lo primero que meten en sus maletas son las cortinas!

La alfombra

Es preferible una moqueta a las alfombras, pues estas pueden representar un peligro potencial cuando usted está atendiendo a su bebé en la penumbra. Escoja una moqueta que haya sido tratada con un protector para manchas, y evite los colores oscuros o brillantes, que se ensucian más fácilmente.

La iluminación

Si la luz principal no está equipada con un regulador de intensidad, merece la pena cambiarla. Durante los primeros días de vida del bebé, bajar la intensidad de las luces cuando se lo está calmando es una buena señal de asociación. Si tiene usted un presupuesto limitado, compre una de esas pequeñas lámparas nocturnas que se conectan a cualquier enchufe normal. Suelo utilizar una de estas luces, independientemente de que disponga o no de un interruptor para regular la intensidad de la luz.

Lo que se necesita para el bebé

El moisés o la cuna pequeña

Como ya he mencionado, el moisés no es realmente esencial. El más barato de los moisés con su soporte puede resultar bastante caro para algo que será innecesario después de las seis primeras semanas. Sin embargo, si vive en una casa muy grande o tiene pensado viajar durante las primeras semanas, puede resultar muy útil. Si su presupuesto es limitado, pídaselo prestado a una amiga y compre un colchón nuevo.

Una cuna pequeña es bastante más grande que un moisés, pero no es mucho más práctica. Como ahora ponemos a nuestros bebés a dormir sobre la espalda, estas cunas estrechas representan un problema para los bebés más pequeños, que se despiertan varias veces por noche porque la cuna no es suficientemente ancha para que duerman con los brazos extendidos y sus manos quedan a veces atrapadas entre las barras de la cuna.

Si decide utilizar cualquiera de estos artículos, necesitará:

- Tres sábanas bajeras de algodón ajustables. Elija un algodón que sea del tipo de tejido de punto y que sea muy suave.
- Seis sábanas encimeras de algodón suave de las que se usan en los coches de bebés para utilizar como sábanas encimeras en la cuna pequeña y más adelante como sabanillas para la parte superior del colchón en la cuna grande.
- Cuatro mantas de tejido celular de algodón.
- Una docena de gasas para colocar transversalmente en la parte superior del moisés o cuna para las babas del bebé.

El coche para el bebé

Los coches tradicionales para bebés son muy caros y no son apropiados para la vida moderna. La mayoría de los padres eligen los coches más pequeños, que resultan mucho más prácticos. Al elegir el coche para el bebé es importante considerar dónde vive usted y cómo es su estilo de vida. Por ejemplo, si tiene que conducir para hacer la compra, es importante elegir uno que sea fácil de manejar y que no sea demasiado pesado. Existen algunos en el mercado que se reclinan completamente para los bebés recién nacidos y traen capota y protector frontal para proteger al bebé cuando hace frío.

Otra opción muy común es estos días es «un tres en uno», que se puede utilizar como coche de paseo durante la primera época y más tarde como un silla de paseo. Esta puede resultar una elección oportuna si vive en un zona en la que puede ir andando hasta las tiendas. La tercera opción es una versión más pesada de la silla de paseo, que también se reclina completamente para un recién nacido y normalmente trae un colchón.

Si usted va a usar su coche o silla de paseo en la ciudad o en tiendas con espacios estrechos (como, por ejemplo, los pasillos de los supermercados), las ruedas giratorias son una bendición, pues ayudan a girar la silla o el choche sin esfuerzo si los comparamos con los que traen las ruedas fijas.

Cualquier sea su elección, debería plegarlo y desplegarlo varias veces e intentar levantarlo hasta una determinada altura en la misma tienda para hacerse una idea de cómo va a meterlo en el maletero.

Las siguientes sugerencias deberían tenerse en cuenta al adquirir un coche o una silla de paseo:

- Debería estar equipado con fuertes correas de seguridad que sujeten al bebé por los hombros y por la cintura. Y también un freno fácil de accionar. Debe incluir una capota y un protector contra la lluvia y el clima frío.
- Compre todos los accesorios al mismo tiempo: sombrilla, protector para lluvia y el frío, un cojín de soporte para la cabeza y una bolsa o bandeja para la compra. Los modelos cambian a menudo de diseño y a veces de dimensiones, y si espera hasta al próxima estación quizá no consiga artículos que puedan acoplarse al coche que ha adquirido. Intente conducirlo en la misma tienda para verificar si la altura de las asas le resulta cómoda; compruebe también si es sencillo desplazarse a través de las puertas y de las esquinas.

El asiento para el coche

Siempre debería utilizarse un asiento para el coche aun para los desplazamientos más cortos. Nunca viaje con el bebé en sus brazos. Se ha comprobado que si el coche se detiene súbitamente o, lo que es peor, choca, resulta imposible sujetar al bebé. También es peligroso colocar el asiento del bebé en la parte delantera del coche equipado con *air bag.* Algunos asientos tiene respaldos regulables y un movimiento de balanceo; se pueden utilizar también como asiento para el bebé en el hogar. Igual que con la cuna, le aconsejo que elija el mejor asiento que pueda usted pagar y que traiga instrucciones muy claras sobre cómo instalarlo. Al elegir el asiento debe comprar:

- Un asiento con amplias alas laterales que ofrezcan mayor protección a la cabeza de su bebé.
- Un asiento equipado con un arnés fácil de estirar que se adapte a las necesidades de la vestimenta del bebé.
- La hebilla debe ser fácil de abrir y cerrar, pero no tanto como para que la abra un niño.
- Accesorios tales como un protector contra el sol, una almohada para la cabeza y una funda de tela de repuesto.

La bañera del bebé

Es otro artículo que no es esencial. Igual que el moisés, el bebé crece rápidamente y pronto no entrará en su bañera. A un recién nacido se lo puede bañar en el lavabo o incluso en una bañera grande si se utiliza uno de esos asientos para bañeras para bebés pequeños que permiten que el bebé esté tumbado en un soporte ligeramente inclinado mientras la madre tiene las manos libres para lavarlo.

Si usted se sentirá más segura con una bañera especial para bebés, le recomiendo una de las que se colocan en la bañera grande, pues son más fáciles de llenar y vaciar, a diferencia de las bañeras tradicionales, que deben vaciarse con un cubo. Existe un modelo de bañera que viene incorporada a los equipos para cambiar al bebé, pero no son nada prácticas, ya que al mismo tiempo que saca al bebé de la bañera debe maniobrar la tapa para cubrir la bañera antes de poder colocar allí al bebé para secarlo y vestirlo. También resulta muy difícil vaciarlas; hay que volcar todo el equipo lateralmente para poder sacar el agua hasta el final. Esto generalmente termina con todos los elementos desparramados por el suelo;

y además resultan demasiado caras y no le aconsejo comprarlas.

Colchoneta para cambiar al bebé

Merece la pena comprar dos colchonetas para cambiar al bebé. Elíjalas de plástico para que sean fáciles de limpiar y con los laterales bien acolchados. En los primeros días de vida del bebé es mejor colocar encima de la colchoneta una toalla, porque los bebés más pequeños odian que los tumben sobre una superficie fría.

Monitor para escuchar al bebé a la distancia

Es otro artículo que yo recomendaría comprar. Existen dos tipos: uno que se conecta a la red eléctrica y otro portátil, y suelo aconsejar a los padres que compren este último puesto que les permitirá moverse libremente por toda la casa. Suelen ser muy útiles si usted quire tomar un baño o ir hasta el garaje, sitios que normalmente no disponen de un tomacorrientes. La mayoría dispone de un indicador luminoso que se activa con el sonido que le permite bajar el volumen y seguir escuchando al bebé si llora. Hay un modelo que tiene la mejor calidad de sonido, es recargable y tiene una pequeña unidad portátil incorporada a la unidad de los padres. Es el más caro que hay en el mercado, pero merece la pena invertir en él.

Al elegir un monitor tenga en cuenta que:

- Los monitores trabajan con radios frecuencias, de modo que elija un modelo con dos canales que le permita cambiar de canal cuando haya interferencias.
- Aunque un modelo recargable es inicialmente más caro, supondrá un ahorro en pilas a largo plazo.
- Debe incluir un indicador de «poca carga de batería» y un indicador de «fuera de alcance».

La mochila para el bebé

Muchos padres apuestan por este método para transportar a sus bebés. Jamás he utilizado una mochila, porque supone un gran esfuerzo para mi espalda transportar de este modo a un bebé durante un tiempo prolongado. Los bebés más pequeños tienden a dormirse inmediatamente cuando lo colocas junto a tu pecho, y esto atenta contra el objetivo global de mis programas de actividades, como, por ejemplo, mantener al bebé despierto a ciertas horas del día y enseñarle las asociaciones correctas para que se duerma solo. Sin embargo ,creo que cuando los bebés son mayores las mochilas con muy prácticas, especialmente cuando tienen edad suficiente para mirar hacia delante.

Si usted cree que le resultará útil una mochila, recuerde las siguientes sugerencias a la hora de comprarla:

- Debe tener lengüetas de seguridad para que no se desarme.
- Debe dar un buen apoyo al cuello y a la cabeza del bebé; algunas incluyen un cojín como soporte adicional para los bebés más pequeños.
- Debe ofrecer la posibilidad de que el bebé mire hacia el cuerpo de quien lo transporta o hacia delante y tener un asiento con una altura regulable.
- Debe estar confeccionada con una tela fuerte y lavable, y las correas para los hombros deben estar acolchadas y ser cómodas.

La silla para el bebé

Muchos padres utilizan el asiento para el coche como silla para el hogar. Si su presupuesto se lo permite, un segundo asiento será muy provechoso, pues se ahorrará el traslado desde el coche hasta la casa

El asiento para el bebé tiene un diseño diferente al del asiento para el coche; los que son rígidos tienen posiciones regulables y una base que puede ser estable o que puede tener un movimiento de balanceo. Estos asientos se pueden utilizar para sentar al bebé durante los primeros momentos del periodo del destete.

Otro tipo de asiento es uno muy ligero que está formado por un bastidor de acero y una funda de tela que bota con el movimiento del niño. Es muy recomendable para bebés de más de dos meses, pero puede atemorizar a los más pequeños. Cualquiera sea el asiento que escoja, asegúrese de que su bebé está firmemente sujeto y no lo deje solo. Finalmente, coloque siempre a su bebé en el suelo con su asiento, jamás sobre una mesa ni un escritorio.

Al comprar el asiento recuerde que:

- El bastidor y la base deben ser sólidos y firmes y debe estar equipado con correas de seguridad.
- La funda debe ser fácil de quitar y de un material lavable.
- Debe comprar una almohada para proteger la cabeza de los bebés más pequeños.

El parque

Actualmente hay un cierto rechazo hacia el parque, pues algunos expertos afirman que son un obstáculo para el instinto de exploración del bebé. Aunque ningún bebé debería permanecer mucho tiempo en el parque, puede resultar muy útil para preparar con tranquilidad la comida, ir a ver quién llama al timbre o ir al cuarto de baño sabiendo que el bebé está seguro. Si decide utilizar un parque, acostumbre al bebé a permanecer en él desde pequeño.

Algunos padres utilizan la cuna de viaje como parque, pero si tiene suficiente espacio le recomiendo el típico modelo de madera que es mucho más amplio y permite que el bebé se ponga de pie y se desplace. Cualquiera sea el tipo que elija, colóquelo alejado de los radiadores, cortinas, cables, etc. Y nunca cuelgue juguetes en el parque, porque podría resultar fatal que su bebé se enredara con la cuerda. Algunos bebés se han estrangulado de esta forma.

Los puntos importantes a tener en cuenta son:

* Que el suelo sea fijo para que el bebé no pueda moverlo.
* Que no tenga bisagras ni cierres de metal con los que el bebé podría hacerse daño.
* Si elige uno de malla o usa una cuna de viaje, asegúrese de que es lo suficientemente fuerte como para que su bebé no pueda introducir un juguete pequeño y luego no sea capaz de sacar la mano o un dedo de la malla.

Lo que se necesita para la lactancia materna

Sujetador para amamantar

Existen sujetadores de diseño especial cuyas tazas se pueden levantar para facilitar la tarea de dar el pecho al bebé. Es importante que elija un sujetador que le quede cómodo con tirantes regulables. El sujetador no debería comprimir los pezones, pues podría causar que se bloquearan los conductos por donde sale la leche. Como deberá utilizar el sujetador día y noche, es aconsejable que elija los de algodón antes que los de poliéster. Compre dos antes del parto y tras la subida de la leche, si le resultan cómodos, puede adquirir dos más.

Discos absorbentes de algodón para los pechos

Durante los primeros días utilizará muchos de estos discos, pues deberá cambiarlos cada vez que alimente a su bebé y en el caso de que sus pechos se llenen muy rápidamente algunas veces entre las tomas. La mayoría de las madres prefieren los discos redondos que se acoplan al contorno de los pechos. Las marcas más caras a menudo resultan las más baratas a largo plazo, pues normalmente son las más absorbentes. Compre primero una caja y, si la marca la convence, puede almacenar unos cuantos paquetes.

Almohada para amamantar al bebé

Estas almohadas tienen una forma que se adapta a la cintura de la madre para que el bebé esté a la altura perfecta para amamantarlo. También pueden servir para recostar al bebé y son un excelente soporte para la espalda de los bebés un poco mayores que están aprendiendo a sentarse. Al adquirirla, escoja una con una funda extraíble y que se pueda lavar en la lavadora.

Cremas y aerosoles para los pezones

Estas cremas y aerosoles sirven para cuidar los pechos y aliviar el dolor causado por la lactancia materna. Como se menciona en la sección destinada a este tema, a menudo la causa del dolor es una mala ubicación del bebé. Si usted experimenta dolor cuando amamanta al bebé, es recomendable que consulte con un profesional antes de utilizar una crema o aerosol. Él le aconsejará cuál es la forma correcta de colocar al bebé al pecho y le sugerirá cuál es el producto indicado, si lo necesitara. No se recomienda otra crema ni jabón especial durante la lactancia. Lávese los pechos dos veces al día con agua, y después de cada toma frote los pezones con un poco de su propia leche y déjelos secar al aire libre.

Máquina eléctrica para extraer la leche

Estoy convencida que una de las razones por las que la mayoría de las madres que me piden consejo tienen tanto éxito con la lactancia se debe a que las animo a que utilicen una máquina eléctrica para extraer la leche. En los primeros días, cuando se produce más leche de la que el bebé necesita (especialmente por la mañana), aconsejo a las madres que se extraigan la leche del segundo pecho con la ayuda de una de estas potentes máquinas. La leche extraida se guarda en la nevera o en el congelador y se puede utilizar más tarde cuando la leche de la madre no resulte suficiente. Una cantidad insuficiente de leche de la madre es una de las razones principales por las que muchos bebés se muestran inquietos y no se serenan ni siquiera después del baño nocturno. La otra ventaja de extraer la leche en los primeros días es que cuando el bebé atraviesa un periodo de crecimiento, la madre simplemente se extrae menos leche suministrando al bebé toda la que necesita. De este modo evita tener que volver a amamantarlo por demanda —es decir, todas las veces que el bebé lo pida— durante varios días con el fin de aumentar su producción de leche, que suele ser el consejo habitual para aumentar la producción de leche en los periodos de crecimiento.

Si usted desea amamantar a su bebé y establecerle rápidamente un programa de actividades, estoy segura de que una bomba eléctrica será una gran adquisición. No se deje persuadir de que compre una versión manual de menor tamaño; son mucho más lentas para extraer la leche, y esto es motivo suficiente para que muchas mujeres abandonen la tarea. Cuando pida su bomba eléctrica, merece la pena comprar también un equipo adicional que le ahorrará la preocupación de verse obligada a esterilizar la máquina.

Bolsas de plástico para congelar

La leche extraída se puede guardar en la nevera durante 24 horas o en el congelador durante un mes. Son bolsas especiales preesterilizadas. Ideales para almacenar la leche materna, y se pueden adquirir en la mayoría de las farmacias y en la sección para bebés de los grandes almacenes.

Biberones

La mayoría de los que están a favor de la lactancia materna se oponen a que los recién nacidos tomen la leche con un biberón aunque sea de leche materna. Afirman que les crea confusión y que reduce el deseo del bebé de succionar el pecho materno, lo que a su vez conduce a una escasa producción de leche y finalmente al abandono de la madre. Mi propia opinión es que la mayoría de las mujeres renuncian a amamantar a sus bebés porque está agotadas por la demanda de alimentación, que a menudo incluye varias tomas por noche. Desde la primera semana les doy a todos mis bebés un biberón de leche materna o de leche maternizada; este biberón diario se le da como último biberón de la tarde o durante la noche. De este modo las madres pueden dormir varias horas seguidas y se encuentran mucho más relajadas para amamantar a sus hijos. Jamás he tenido que afrontar el problema de que un bebé rechace el pecho materno ni de que confunda el pezón de su madre con la tetilla. Sin embargo, creo que esto podría suceder si en los primero días de vida se le permitiera al bebé tomar más de un biberón al día.

Un problema que es motivo de que yo reciba un considerable número de llamadas telefónicas es el de los bebés un poco mayores que rechazan el biberón. Estos bebés han sido alimentados exclusivamente con leche materna normalmente durante tres o cuatro meses. Cuando la madre debe volver al trabajo, descubre que el bebé rechaza el biberón. Esto puede conducir a una penosa batalla que se extenderá durante semanas hasta conseguir que acepte el biberón —otra buena razón para lograr que su bebé se habitúe a tomar un biberón al día. Y, además, constituye una maravillosa oportunidad para que el padre participe en la alimentación del bebé.

Existen muchos tipos de biberones, y cada fabricante afirma que el suyo es el mejor. Durante años he probado todos los que existen, y el que me parece mejor es el de diseño de cuello ancho, que facilita la limpieza y el llenado. Estoy de acuerdo en que el diseño de la tetilla reduce la cantidad de aire que traga el bebé, pues es similar en forma al pezón materno. Le sugiero que comience a utilizarlo con una tetilla de flujo lento, pues esto hará que su bebé tenga que esforzarse por succionar la leche del biberón tal como lo hace con el pecho.

Para obtener información sobre el equipo de esterilización necesario para los biberones de su bebé, véase la página 42; para obtener información sobre los equipos de extracción de leche véase la página 38.

Lo que se necesita para alimentar al bebé con biberón

Biberones

Por las razones que ya hemos mencionado, aconsejo a las madres que gasten un poco más de dinero y compren los biberones de cuello ancho que ya hemos descrito. Para los bebés que se alimentan exclusivamente de biberón es importante asegurarse de que el riesgo de que tenga cólicos o aire en el estómago sea mínimo. Por experiencia sé que eso es lo que les pasa a los bebés alimentados con biberones más baratos. Cuando me piden ayuda para un bebé que sufre de cólicos, se observa una inmediata mejoría cuando comienzo a alimentar al bebé con biberones de cuello ancho. La tetilla es flexible y permite al bebé succionar como si fuera el pecho; el aire queda dentro del biberón reduciendo la cantidad de aire que toma el bebé. Utilizando estos biberones, organizando las tomas del bebé y siguiendo mis programas de actividades, hasta el momento me las he arreglado para resolver todos los problemas de cólicos que he atendido.

Los biberones de cuello ancho tienen la ventaja adicional de que se pueden adaptar a unas tazas para bebés con pico y asas. Le aconsejo que comience con cinco biberones de 225 ml y tres de 115 ml.

Tetillas

La mayoría de los biberones incluyen una tetilla de flujo lento que se adapta a las necesidades de los recién nacidos. A las ocho semanas casi todos mis bebés se alimentan mejor con una tetilla de flujo medio. Merece la pena almacenar una buena cantidad de tetillas desde el comienzo.

Cepillo para limpiar biberones

La limpieza exhaustiva es de la mayor importancia. El mejor cepillo para biberones tiene un asa extralarga de plástico que permite hacer más fuerza al limpiar los biberones que las que son más cortas o de alambre.

Cepillo para limpiar las tetillas

La mayoría de las madres encuentran muy sencillo limpiar la tetilla con el dedo índice, pero si usted tiene las uñas largas será mejor que adquiera uno de esos cepillos. Su desventaja es que se estropea con gran facilidad el orificio de la tetilla, por lo que hay que reemplazarlas frecuentemente. Sin embargo, también puede ocurrir esto con las uñas largas.

Recipiente para limpiar los biberones

Resulta más fácil organizar y saber qué es lo que está esterilizado si se lavan y esterilizan al mismo tiempo todos los biberones. Necesitará algún sitio para aclarar los biberones hasta que estén listos para esterilizarlos. Un recipiente de acero inoxidable o de plástico (mejor si tiene tapa) es indicado para este uso; además, lo puede utilizar para lavar los biberones y otros elementos que sea preciso esterilizar.

Esterilizador

Es esencial que todos los biberones y el equipo de extracción de leche se esterilicen correctamente, ya sea que el bebé se alimente con biberones o con lactancia materna. Existen tres métodos de esterilización principales: hervir todo el equipo durante diez minutos en una olla grande, sumergirlos en una solución esterilizadora durante dos horas aclarándolos con agua hirviendo o utilizar un esterilizador eléctrico de vapor. He probado los tres métodos muchas veces y, sin lugar a dudas, el más sencillo y rápido y también el más eficiente es el esterilizador de vapor. Vale la pena invertir el dinero en él, pues resulta realmente práctico. Una advertencia: no aconsejo comprar la versión de estos esterilizadores que se introducen en el microondas, pues no solo tienen poco espacio para los biberones, sino que también son un estorbo cada vez que tiene que retirarlo para cocinar con el horno microondas.

Calentador eléctrico de biberones

Un calentador eléctrico de biberones no es realmente esencial, pues los biberones se pueden calentar colocándolos en un recipiente con agua hirviendo. Sin embargo, puede resultar muy útil para tenerlo en la habitación del niño para la toma de la 6-6.30 p. m., pues no habrá necesidad de llevar el recipiente de agua hirviendo hasta allí. Existe un modelo que incluye un recipiente que se adapta a la parte superior y que sirve para mantener la comida del niño caliente cuando empiece a introducir los alimentos sólidos.

Termo para biberones

Es un tipo especial de termo diseñado para mantener calientes los biberones que contienen agua hirviendo. Puede resultar muy útil durante los viajes o para las tomas nocturnas, pues se pueden preparar en unos pocos segundos.

Aconsejo elegir uno de plástico pequeño dividido en tres secciones; cada una de ellas puede contener la cantidad necesaria de leche en polvo para tres tomas diferentes. Se evita así tener que llevar toda la lata de leche maternizada cuando se sale durante el día o a la habitación del niño para la toma nocturna.

Ropa para el recién nacido

La variedad de ropas para bebés que existe actualmente en las tiendas es enorme, y los vendedores demostrarán muy buena disposición para aconsejarle cuáles son los artículos esenciales para su bebé. Puede ser divertido elegir una gran cantidad de artículos para el bebé, pero aconsejo a los padres hacerlo con precaución. Los bebés recién nacidos crecen a un ritmo alarmante, y la mayoría de los artículos para la primera talla le quedarán pequeños el primer mes. Aunque es importante disponer de suficiente ropa debido a los frecuentes cambios que requiere un recién nacido, es una tontería tener demasiadas cosas en el armario teniendo en cuenta que algunas jamás se usarán. Deberán renovar el armario de su bebé al menos tres veces durante el primer año. Y aunque compren la ropa más barata resultará un gasto considerable.

Aconsejo a todos los padres que adquieran solamente los elementos básicos hasta que nazca el bebé. Es preciso tener en cuenta que recibirá mucha ropa de regalo y, como ya he mencionado, durante el primer año de vida del bebé tendrá muchas oportunidades de comprarle ropa.

Al elegir la ropa para el primer mes no compren ropa interior o pijamas de colores brillantes. Créanme, es imposible mantenerlos limpios; los bebés tienen pérdidas por ambos extremos de sus cuerpos y es imposible quitar las manchas a menos que se lave la ropa a 60°. La ropa de colores brillantes pronto pierde el color al lavarla a esa temperatura, de manera que escoja colores brillantes para la ropa de vestir.

A continuación enumero los artículos básicos que necesitará el bebé los dos primeros meses. Aconsejo a los padres que no los saquen del paquete hasta que nazca el bebé, pues al ver su tamaño podrán cambiarlos si fuera necesario.

Camisetas	6-8
Camisones o pijamas	4-6
Ropa para salir	4-6
Chaquetas de punto	2-3
Traje para la nieve	1
Calcetines	2-3 pares
Gorros	2
Mitones	2 pares
Toquillas	3
Abrigos................................	1

Camisetas

Un bebé recién nacido debería usar normalmente camiseta tanto en invierno como en verano, excepto cuando hace mucho calor. Es mejor elegir las que son 100 por 100 algodón, porque el poliéster no permite que la piel del bebé respire y la lana puede producir erupciones. Si desea evitar que sus nuevas prendas se deterioren o se desluzcan por el agua caliente necesaria para eliminar las manchas, elíjalas de color blanco o blancas con diseños de color pálido.

Sin duda, es aconsejable comprar lo que se llama una camiseta de cuerpo entero, que se abrocha en la entrepierna del bebé, tiene mangas cortas y un cuello amplio que permite sacarle la camiseta al bebé por la cabeza fácilmente o también deslizarla hacia abajo. Evite las tradicionales camisetas de tipo cruzadas, porque tienden a deslizarse dejando el pecho descubierto, y además los lazos se deshacen constantemente.

Ropa para dormir

Últimamente se ha puesto de moda que los bebés duerman con peleles. Suelen ahorrar tiempo de lavandería, pero sin embargo supondrán que tenga usted que levantarse durante la noche, como podrá comentarle cualquier madre experimentada. Podrá usted pasar 40 minutos alimentando y calmando al bebé y luego descubrir que ha ensuciado el pañal. Entonces tendrá que desabrochar todos los botones y luchar en la penumbra para volver a abrocharlos, y el resultado será que el más plácido de los bebés termine por desvelarse y mantenerse despierto posiblemente durante otros 40 minutos. En cuanto a las camisetas es mejor elegir las de algodón 100 por 100. Cuanto más simple sea el diseño, mucho mejor. Evite las que tengan lazos en el cuello, y, si hay lazos en la parte inferior, retírelos, porque podrían deshacerse y enredarse alrededor de los pies del bebé.

Ropa para salir

Durante los primeros dos meses muchas madres se inclinan por comprar peleles que normalmente vienen en paquetes de dos o tres. Son de algodón o de algodón con poliéster. Si es posible, intente comprar los de algodón puro. Sin embargo, si le atrae una prenda confeccionada con 80 por 100 de algodón y 20 por 100 de fibra sintética, cómprelo y úselo para las salidas del bebé o para cuando esté en el parque o en su silla. Evite vestirlo con una prenda para dormir que no sea de algodón puro, puesto que aumentaría el riesgo de una subida de la temperatura.

Normalmente estas prendas se pueden lavar a mano porque se manchan menos. Evidentemente puede usted elegir más colores, al no tener que preocuparse por las manchas.

Al elegir una prenda, intente siempre que se abra por la espalda o por la cara interior de las piernas, pues será más práctico no tener que desvestir al bebé cada vez que lo cambie. Intente comprar al menos un par de pantalones de algodón con camisetas a juego, ya que duran más que una prenda entera y se puede cambiar la parte superior si el bebé babea mucho. Elija un conjunto que sea de un tejido suave de tipo *velour* para los bebés más pequeños.

Chaquetas

Si su bebé ha nacido en verano, probablemente le bastará con dos chaquetas de algodón. Cuando el bebé nace en invierno necesita al menos tres, y aunque a veces es difícil de encontrar, la lana es lo más recomendable para el invierno. Si el bebé tiene una prenda de algodón sobre la piel, no habrá ninguna causa para que la lana le produzca irritación. Es aconsejable que el modelo sea lo más simple posible. A pesar de que los modelos que incluyen lazos y cintas son muy atractivos, pueden resultar peligrosos puesto que el bebé puede enredarse los dedos con las cintas. Quizá lo mejor sería disponer de dos chaquetas lisas y una más moderna para ocasiones especiales.

Calcetines

Se deberían evitar los calcetines y patucos con cintas o limitar su uso a ocasiones especiales, porque, como ya dijimos, las cintas son peligrosas. Por lo tanto, lo más práctico es comprar calcetines simples de lana o de algodón. Vale la pena mencionar que a pesar de que los zapatos para bebés puedan parecer muy monos, no son aconsejables, porque podrían dañar sus huesos aún blandos.

Gorros

En verano es importante que proteja la cabeza y la cara de su bebé del sol con un gorro con visera. Lo mejor es colocarle el gorro de modo que la visera esté junto a la parte posterior del cuello. En primavera y en otoño es posible utilizar gorros de algodón tejidos que son muy adecuados para los días más frescos. En invierno aconsejaría utilizar un gorro de lana para los días más fríos, y si el bebé tiene la piel muy sensible se puede poner debajo del gorro de lana uno de algodón fino.

Mitones

Creo que a los bebés más pequeños no les gusta que les cubran las manos puesto que las usan para tocar, sentir y explorar todo aquello con lo que entran en contacto. Sin embargo, si su bebé tiene unas uñas muy afiladas, debería intentar que utilice estos mitones de algodón fino fabricados especialmente para ese uso. En climas muy fríos utilice los mitones de lana, y, como ya dijimos, utilice debajo un par de mitones de algodón para proteger la piel sensible de su bebé.

Toquilla

Creo firmemente que durante las primeras semanas los bebés duermen mejor cuando están envueltos con una manta o una toquilla. Elija siempre los que sean ligeros y 100 por 100 de algodón. Al envolver al bebé es importante no poner la toquilla doble para evitar que el bebé pase calor. Cuando ponga a dormir a su bebé envuelto en una toquilla, colóquele menos mantas en la cuna.

Traje para la nieve

Al elegir un atraje para la nieve cómprelo siempre al menos dos tallas más grandes para poder aprovecharlo más tiempo. Evite los modelos con piel alrededor de la capucha o con botones tipo trenca y elija uno confeccionado con una tela lavable. Para los bebés más pequeños son preferibles los que traen broches en vez de cremalleras, que a menudo lastiman el mentón del bebé.

Abrigos

Un abrigo ligero puede ser útil para los bebés que nacen en cualquier estación del año. En verano se puede usar los días frescos y en invierno en los días más suaves. Igual que lo aconsejado respecto del traje para la nieve, elija un modelo simple de tela lavable, preferiblemente con botones, y una vez más dos tallas más grandes.

Como arropar a su bebé

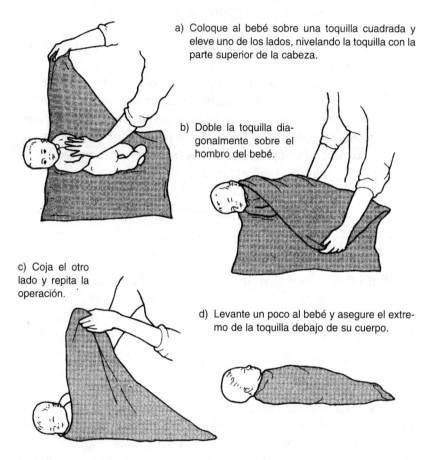

a) Coloque al bebé sobre una toquilla cuadrada y eleve uno de los lados, nivelando la toquilla con la parte superior de la cabeza.

b) Doble la toquilla diagonalmente sobre el hombro del bebé.

c) Coja el otro lado y repita la operación.

d) Levante un poco al bebé y asegure el extremo de la toquilla debajo de su cuerpo.

Cómo lavar la ropa de su bebé

Habiendo gastado una considerable cantidad de tiempo y dinero en la ropa de su bebé vale la pena ser exigente a la hora de cuidarla. Como los bebés crecen rápidamente es posible que un hermano o hermana aproveche esa misma ropa. Desgraciadamente a menudo esto no es posible ya que el escaso cuidado al lavarla hace necesario adquirir un nuevo ajuar para al siguiente bebé.

Las siguientes sugerencias le ayudarán a mantener la ropa de su bebé en las mejores condiciones:

- La colada se debería seleccionar según los diferentes colores.
- La ropa de cama, las gasas y los baberos se deben lavar con agua muy caliente para eliminar las bacterias causadas por las manchas de leche y los ácaros del hogar que pueden producir alergias en los bebés muy pequeños.
- Cargue solo dos tercios de la lavadora, de modo que la ropa se aclare perfectamente.
- Las manchas se deberían tratar antes del lavado.

Ropa blanca: 60°-90°

Todo lo que tenga manchas debería quedarse en remojo durante la noche en un buen detergente en frío y luego lavarlo a 60°. Toda la ropa blanca debe ser de algodón 100 por 100 y los baberos o toallas que tengan un borde de color deberían lavarse las primeras veces separados del resto de la ropa para verificar si pierden color. Las sábanas, las gasas, las camisetas, los biberones, los calcetines y la ropa blanca para dormir también puede lavarse a 60° si no están muy sucias. Si no han estado en remojo y están francamente sucias, deberían lavarse a 90°. Las toallas y los paños de algodón para la cara deberían lavarse y secarse juntos pero separados de las demás prendas para evitar que el tejido se apelmace.

Colores claros: 40°

La mayoría de las prendas que se usan para salir solo necesitan un rápido lavado en el ciclo de lana o de tejidos delicados. Si hubiera alguna mancha, se las debería poner en remojo durante la noche en agua fría con un buen detergente y aclararlas antes del lavado.

Colores oscuros: 30° o lavado a mano

Las prendas oscuras se deben lavar separadas de las de color claro aunque no destiñan; mezclarlas supondría que los colores más claros se tiñeran de un matiz grisáceo. Todas las prendas manchadas deberían ponerse en remojo toda la noche en agua fría con jabón en polvo.

Prendas de lana o delicadas: lavar a mano

Aunque la etiqueta diga «lavado a máquina» es mejor lavarlas a mano con una pequeña cantidad de jabón en polvo para bebés mezclado con agua tibia. Nunca estruje, retuerza ni escurra estas prendas ni tampoco las cuelgue. Aclárelas concienzudamente con agua corriente fría y apriételas ligeramente para eliminar el exceso de agua, luego enróllelas en una toalla blanca limpia y seca durante algunas horas. Finalmente, desenrolle la prenda y déjela secar sobre una superficie plana. Nunca cuelgue las prendas de lana de su parte inferior.

Uso de la secadora

Las toallas, los baberos, las sábanas ajustables y las mantas de la cuna, pero las sábanas encimeras de algodón y la sabanilla para la parte superior del colchón se deberían dejar ligeramente húmedas para que sea más fácil plancharlas. Evite secar juntas las toallas y las prendas de vestir porque los tejidos se apelmazan. Retire toda la ropa de la secadora y dóblela lo antes posible para evitar que se arrugue; asegúrese de que todas las prendas están bien aireadas.

Pana y prendas oscuras

Para evitar que destiñan o que los colores se hagan más pálidos, seque estas prendas en un ciclo de no más de 15 minutos, luego cuélguelas en perchas para que se sequen, pues de este modo no es necesario plancharlas.

Planchar

Las sábanas encimeras y las sabanillas de la cuna deberían plancharse ligeramente húmedas para darles un acabado más suave. Las prendas de colores claros deben plancharse utilizando el pulverizador de agua, y las de colores oscuros se deben planchar del lado interior con una plancha muy poco caliente. Las prendas tejidas se cubren con una tela de muselina antes de plancharlas. Asegúrese de planchar todas las etiquetas.

2

Después del nacimiento del bebé

Abandonar el hospital

D URANTE SU ESTANCIA en el hospital quizá cuente usted las horas que le quedan para marcharse, como muchas de las madres que he atendido. Sin embargo, cuando llega el día no debe sorprenderse si experimenta miedo o ansiedad. Esto es muy normal, especialmente para las madres primerizas que se enfrentan con la realidad de ser absolutamente responsables de todas las necesidades de esta preciosa y pequeña criatura humana. Sin la ayuda y el apoyo de las enfermeras, todo puede parecer muy agobiante. Para eliminar estas sensaciones lo antes posible es muy importante que organice cuidadosamente el regreso a casa. Es esencial que toda la familia y los amigos sepan con anticipación que quiere pasar la primera semana lo más tranquila posible.

Obviamente un bebé trae mucha alegría y excitación y usted no desea negar a la familia y a los amigos íntimos el placer de compartirlo. No obstante, es fundamental que su bebé tenga tiempo para adaptarse a su nuevo entorno. Algunos bebés se muestran inquietos al abandonar el hospital, y esto puede empeorar si tienen que soportar que los pasen de mano en mano y de una persona a otra. También es esencial que usted y su marido se acostumbren a la presencia de esta persona tan especial en su vida, y lo que es más importante, necesitan tiempo para aprender a satisfacer todas sus necesidades. Esto es muy difícil de lograr si tiene un flujo constante de visitas durante la primera semana y además el teléfono no deja de sonar.

Cuanto más serenos estén, antes empezarán a sentirse seguros con los cuidados del bebé. No deben sentirse culpables por pedir a los amigos que retrasen sus visitas. La prioridad debe ser su bebé, especialmente en los primeros días de la lactancia, ya que el cansancio puede afectar la producción de leche. Los bebés son muy sensibles a las emociones de sus madres, y su hijo se mostrará muy inquieto si percibe que está usted agotada y tensa.

Si por motivos de trabajo su marido no dispone de tiempo para usted y el bebé la primera semana, intente encontrar algún tipo de ayuda. Si su madre (o su suegra) pueden ayudarla sin asumir el control y respetando que usted haga las cosas a su modo, entonces pídales que vengan a su casa por unos días. Si alguna e ellas vive a poca distancia y puede pasar unas horas cada día en su casa, no dude en pedirle ayuda con la comida, la compra o la colada. Cuanto más pueda usted descansar durante la primera semana, tanto mejor.

Lactancia materna: lo que se debe esperar

A menudo los bebés se muestran inquietos los primeros días que pasan en casa. Una madre bien intencionada intentará convencerla de que la irritabilidad de su bebé se debe a que tiene hambre, a que probablemente usted no esta produciendo suficiente leche para satisfacerlo o que su leche es de poca calidad. Sin embargo, estos comentarios, a pesar de ser bien intencionados, suelen ser muy angustiantes para la madre primeriza que desea que la lactancia sea un éxito. Cuando le haya subido la leche, si el bebé vacía completamente un pecho en cada toma y toma también del otro pecho, puede estar segura de que no se queda con hambre. Según mi experiencia, los bebés alimentados con leche maternizada se muestra igual de inquietos los primeros días y esto anula el «mito del hambre».

Recuerde que su bebé necesita alimentarse a menudo y de a poco durante la primera semana para estimular una buena producción de leche. A menos que se lo aconsejen en el hospital, no le dé leche maternizada para completar las tomas. Este es un consejo antiguo y la forma más fácil de terminar por alimentarlo con leche en polvo. Las excepciones a esta regla son que usted haya sufrido mucho por un parto difícil y se encuentre muy débil o que haya dado a luz un bebé muy grande. En este caso yo sugeriría que se le diera al bebé un biberón a última hora de la noche para que la madre pudiera descansar.

Si sigue usted mis sugerencias para la lactancia materna del capítulo 4 (véase la página 88), así como mis programas de actividades, rápidamente conseguirá una buena producción de leche y gozará de un bebé satisfecho y bien alimentado. Las madres que han seguido mis consejos se las han arreglado muy bien para dar el pecho a su segundo, tercero y cuarto hijo.

Durante las primeras semanas

Durante las primeras semanas despierte a su bebé a las 7 a. m., independientemente de cuánto haya dormido por la noche, pues es la forma más rápida de establecer un ritmo regular de alimentación. Aténgase a los horarios que se indican en los programas para alimentar al bebé, y puede estar segura de que se alimenta correctamente durante el día; como consecuencia solo debería despertarse una vez por la noche. Si durante el primer mes su bebé de pronto sigue durmiendo hasta las 4 ó 5 a. m., no caiga luego en la tentación de dejarlo dormir más allá de las 7 a. m. Despiértelo como siempre y ofrézcale un poco de leche para mantener el ritmo durante el resto del día. Consulte los gráficos de alimentación del capítulo 4 (páginas 109 y 116), para comprobar cómo pueden complicarse las cosas si su bebé sigue durmiendo después de las 7 a. m.

Durante las primeras semanas, si usted se extrae la leche que tiene al principio del día y la congela, dispondrá de una cantidad adicional para el periodo de crecimiento que tiene lugar a las tres semanas. También la puede utilizar para dársela después de la toma de las 6.15 p. m., si el niño está inquieto y usted presiente que se ha quedado con hambre. Durante los periodos de crecimiento si usted reduce unos 200 ml de la cantidad de leche que se extrae del pecho en la toma de la mañana, su bebé automáticamente recibirá la leche adicional que necesita. Así evitará la necesidad de volver a amamantarlo cada tres horas para aumentar su producción de leche. Es muy probable que este fuera el caso si no se hubiera extraído leche durante las primeras semanas.

La alimentación con biberones: lo que se debe esperar

Los bebés que se alimentan con biberones a los pocos días ya han establecido su ritmo de alimentación si toman la cantidad adecuada de leche para su peso. No deje que su bebé pase más de cuatro horas entre cada toma durante el día. Para lograr que solo se despierte una vez por la noche, debe tomar la mayor parte de la leche diaria entre la 7 a. m. y la 11 p. m. Un bebé al que se permite dormir cinco o seis horas entre las tomas durante el día, a las 11 de la noche habrá ingerido dos tomas menos de las que le corresponden. Es más que probable que se despierte dos o tres veces por noche para saciar su hambre. Cuando sucede esto, la madre está tan cansada que le permite dormir salteándose la toma de la 7 a. m., y así se empieza a construir un modelo en el que el bebé se alimenta más de noche que de día.

Independientemente de la hora en que el bebé tome el biberón por la noche, no se sienta tentada de dejarlo dormir más tarde de la 7 a. m. Si le ha dado el biberón a las 5 o a las 6 a. m., a las 7 no tendrá hambre, pero puede ofrecerle 30-60 ml alrededor de las 7.30 a. m. De esta forma el bebé estará satisfecho hasta la toma de las 10-10.30 a. m. Sin embargo, si ha dormido hasta las 5 ó 6 a. m. y usted no le ha dado una toma suplementaria, estará hambriento alrededor de las 9 a. m. y no conseguirá que se duerma. Esto tendrá como consecuencia una alteración de los horarios de las siestas y las tomas. Más allá de que se alimenten con biberón o con el pecho materno, la única forma de mantener un buen programa de actividades es comenzar el día a las 7 a. m.

Existen bebés que en 10 ó 15 minutos ya han terminado con su toma y piden más. Se los conoce como «bebés hambrientos«; la realidad es que normalmente no tienen más hambre pero les gusta «chupar». Como succionan la tetilla con mucha fruición terminan rápidamente los biberones. Para el bebé el hecho de succionar no solo significa alimentarse, sino que es uno de sus mayores placeres. Si su bebé bebe la cantidad correcta de leche maternizada muy rápidamente en cada una de las tomas y enseguida le pide más, acaso merezca la pena ofrecerle una tetilla con un orificio más pequeño. Otra posibilidad es ofrecerle un chupete tras la toma para que satisfaga su «necesidad de succionar». Por el contrario, si su bebé tarda más de 20 minutos en beber los primeros 50 ml, quizá se deba utilizar una tetilla con un orificio más grande.

Los bebés que se alimentan con biberón suelen aumentar de peso demasiado rápido si se les permite tomar más leche de la que se recomienda para su peso. Unos pocos mililitros más al día no supondrán problema alguno, pero un bebé que se alimente más de lo que le corresponde y que aumente más de 225 gramos por semana, pronto estará demasiado gordo y llegará un momento en que la leche no será suficiente para satisfacer su hambre. Si esto sucede antes de la edad recomendada para darle alimentos sólidos, puede convertirse en un verdadero problema.

Las primeras semanas

Durante las primeras semanas intente respetar las cantidades de leche aconsejadas según el peso del bebé, aunque de ningún modo con excesiva rigurosidad. Si su bebé demuestra ser muy «succionador», ofrézcale un chupete. Mientras se lo utilice con mesura y no se le permita dormirse con él en la boca o en la cuna, no tiene por qué surgir ningún problema.

Los bebés alimentados con biberón pueden distraerse puesto que tienen más oportunidades de mirar a su alrededor, de modo que intente que imperen el silencio y la tranquilidad mientras lo alimenta. No lo estimule ni le hable demasiado pues acaso pierda el interés por su alimento. Deje que su bebé le indique en qué momento está preparado para eructar; si el aire no sale a los pocos minutos, déjelo e inténtelo nuevamente más tarde. Consulte las secciones del libro que tratan de la alimentación con biberón y de la forma de organizar las tomas en el Capítulo 4, para asegurarse de que está aumentando las tomas adecuadas y en los horarios correctos.

Los bebés que se duermen durante las tomas

A veces un bebé somnoliento echa una cabezadita durante la toma, pero si como resultado no ingiere la cantidad de leche que necesita, terminará por pedir comida nuevamente una o dos horas más tarde. Ese momento en que está a punto de dormirse es una buena ocasión para cambiarle el pañal, hacerlo eructar y animarlo a que termine el biberón. Haciendo un pequeño esfuerzo durante los primeros días para mantenerlo despierto y que termine el biberón, será muy provechoso a largo plazo. Algunos bebés toman la mitad del biberón, se toman un descanso para estirarse y mover las piernas durante 10 ó 15 minutos y luego están dispuestos a seguir tomando el resto de la leche. Durante el primer mes permítale que tarde hasta unos 45 minutos por toma.

Problemas comunes

Eructos

Es importante dejarse guiar por el bebé para saber en qué momento detenerse y ayudarlo a eliminar el aire que ha tragado. Si lo interrumpe constantemente, se enfadará y se frustrará y su llanto provocará que acumule más aire. Una y otra vez observo a las madres dando interminables palmadas en la espalda a sus bebés, convencidas de que necesitan eliminar el aire acumulado. La realidad es que muy pocos bebés necesitan eructar más de una vez durante la toma y otra vez al terminar.

Un bebé que se alimenta con el pecho materno se retira solo del pecho cuando necesita eructar; si no lo hace, puede usted intentar que eructe antes de pasarlo al segundo pecho. Los bebés que se alimentan con biberón normalmente beben la mitad o las tres cuartas partes antes de soltar la tetilla para eliminar el aire. Independientemente de cómo se alimente su bebé, si adopta la posición correcta al sostenerlo, como se indica en la ilustración, el bebé debería eructar fácil y rápidamente durante la toma y al final de esta. Si no lo hace tras unos minutos, será mejor esperar y volver a inten-

La posición correcta para eructar

tarlo más tarde. Es bastante frecuente que lo haga una vez que lo han puesto en su cuna para que se duerma.

A veces un bebé que no elimina el aire por la boca los acumula en el aparato digestivo y puede pasarlo mal y ponerse muy inquieto. Una madre que le dé el pecho a su bebé deberá observar detenidamente su dieta para comprobar si está ingiriendo algún alimento o bebida que le sienta mal al bebé. Los cítricos o un exceso de bebidas a veces producen gases a los bebés. Otros elementos perniciosos son el chocolate y una ingesta excesiva de productos lácteos.

Es preciso asegurarse de que el bebé llega a tomar la última parte de la leche materna y no solo la primera en manar, pues es esta la que produce fermentaciones intestinales con la consecuente producción de gases.

Cuando se trata de un bebé que toma el biberón cuya madre normalmente utiliza los biberones anticólicos, la causa de los gases suele ser una alimentación excesiva. Si su bebé toma diariamente 90-180 ml más por día de lo que se aconseja en el envase y engorda más de 225 g por semana, reduzca un par de tomas al día (la de las 2.30 p. m. o la de las 5 p. m.) durante algunos días para ver si hay mejoría. A un bebé muy aficionado a succionar se le puede ofrecer un chupete tras las tomas más reducidas para satisfacer su afición.

A veces una tetilla con el orificio demasiado pequeño o excesivamente grande puede causar gases. Pruebe diferentes medidas de tetillas utilizando una de orificio pequeño en un par de tomas; de esta forma se puede ayudar a un bebé que está bebiendo la leche demasiado deprisa.

Regurgitar

Es muy común que algunos bebés vomiten una pequeña cantidad de leche mientras eructan o después de las tomas. A esto se le llama regurgitar, y en general no supone problema alguno. Sin embargo, si su bebé gana regularmente más de 225 g de peso cada semana, esto podría indicar que come demasiado. Con un bebé que se alimenta con biberón es fácil resolver el problema ya que es posible ver cuánta leche toma el bebé y reducir ligeramente la cantidad en las tomas que suele regurgitar más. Resulta más difícil saber cuánto toma el bebé alimentado con lactancia materna, pero observando cuáles son las tomas en las que acostumbra regurgitar, se puede reducir el tiempo de sus tomas para solucionar el problema.

Si su bebé regurgita con mucha frecuencia y no aumenta de peso quizá sufra de lo que se conoce como «reflujo». En este caso, el médico podrá recetarle un medicamento para darle antes de las tomas o durante las mismas, cuyo efecto consiste en mantener la leche dentro de su organismo. Es conveniente colocar a los bebés que tienden a regurgitar lo más rectos posible tras las tomas y tener mucho cuidado al ayudarlo a eructar.

Cualquier bebé que vomite una toma completa dos veces seguidas deberá ser revisado por un médico de inmediato.

Hipo

El hipo es muy normal entre los bebés más pequeños y no parece inquietarlos demasiado. A menudo se presenta después de las tomas. Si sucede tras una toma nocturna y el bebé quiere dormir, es aconsejable que lo acueste de todas maneras. Si espera a que se le pase el hipo, habrá más posibilidades de que se duerma en sus brazos, que es algo que se debe evitar a cualquier coste. Si su bebé es uno de esos raros casos de los que se irritan con el hipo, hágale beber la dosis recomendada de agua de anís para los retortijones.

Cólicos

Los cólicos son un problema común para los bebés menores de tres meses. Pueden hacerle la vida imposible a los bebés y a los padres, y hasta el momento no hay ningún remedio. Existen innumerables medicinas que no son efectivas con la mayoría de los bebés que sufren de cólicos. Aunque un bebé puede tener un cólico en cualquier momento del día, lo más común es que lo padezca entre las 6 p. m. y la medianoche. Los padres recurren a alimentarlos, acunarlos, darles palmadas, llevarlos a dar un paseo, pero ninguna de estas soluciones parece aliviar al bebé. Los cólicos normalmente desaparecen a los cuatros meses de vida, pero para entonces el bebé ya ha aprendido todas las asociaciones que no debe aprender en relación con el sueño.

Los padres que me piden ayuda para solucionar los cólicos de su bebé describen que llora a veces durante horas, se sacude frenéticamente y no deja de encoger las piernas debido al dolor. Estos bebés tienen algo en común: se los alimenta cuando ellos lo piden. De este modo frecuentemente el bebé vuelve a alimentarse antes de haber digerido la toma anterior, una de las razones que creo pueden causar el cólico. (Véase también los consejos de la sección Biberones en las páginas 39 y 40).

Ninguno de los bebés que he cuidado ha sufrido de cólicos, y estoy convencida de que se debe a que siempre organizo su alimentación y su ritmo de sueño desde el primer día. Cuando acudo a ayudar a un bebé algo mayor que sufre de cólicos generalmente desaparecen tras 24 horas de haberles impuesto mi programa de actividades. Con los bebés que se despiertan dos o tres veces por noche para comer elimino las tomas nocturnas o las reduzco a una, dependiendo de su edad y de su peso. Cuando el bebé se despierta por la noche, le doy 120 ml de agua hervida mezclada con media cucharada de azúcar para calmarlo. A esta edad el agua por sí sola no produce el mismo efecto. Al día siguiente despierto al bebé a las 7 a. m., independientemente de que haya dormido poco durante la noche, y luego aplico mi programas de actividades hasta las 6.30 p. m. A esta hora le ofrezco a un bebé que se alimente con leche materna un suplemento de la leche que se haya extraído su madre para asegurarme de que toma lo que necesita. Así evito tener que alimentarlo otra vez a las dos horas, lo que es bastante común entre los bebés que sufren de cólicos. Con un bebé que se alimenta con biberón reduzco la toma de las 2.30 p. m. para que se alimente bien a las 6.30 p. m.

A menudo descubro que los bebés alimentados con biberón que sufren de cólicos toman más leche a las 3 o a las 4 p. m. que la que toman a las 6.30 p. m.; como sucede con los niños que toman el pecho, en un par de horas pedirán más comida.

Es muy frecuente que los bebés estén serenos la primera noche, pero en algunas ocasiones me toca cuidar a un bebé que ha desarrollado hábitos incorrectos de sueño como resultado de los cólicos. Con estos bebés empleo el método controlado de llanto y tras tres o cuatro noches se duermen felices hasta la toma de las 10.30 p. m. Como han dormido bien cuatro horas seguidas, se alimentan bien y duermen más durante la noche. Según la edad que tengan, les doy una toma o agua azucarada. A un bebé de tres meses o más que es capaz de dormir desde la última toma hasta las 6 ó 7 a. m. se le debería dar agua azucarada durante una semana. Una vez se haya conseguido que se despierte solamente una vez por la noche, se debe disminuir gradualmente la cantidad de azúcar hasta que tome solo agua.

Este método, junto con los programas de actividades, animará a un bebé que ha sufrido de cólicos y que ha desarrollado malos hábitos de sueño a que duerma toda la noche en un máximo de dos semanas. Insisto en destacar que el éxito de este método depende en gran medida del agua azucarada durante la primera semana. El agua sola no produce el mismo efecto. No estoy muy segura por qué es efectivo el método del agua azucarada; es un consejo que me dio una enfermera puericultora de gran experiencia hace más de 25 años y jamás me ha fallado. Los padres a menudo temen que sus bebés se aficionen al azúcar o que a la alarga dañe sus dientes, pero debido al corto periodo de tiempo que se la utiliza jamás he observado estos problemas. Me complace afirmar que mi consejo ha sido respaldado recientemente por una investigación sobre los cólicos a cargo del doctor Peter Lewindon del Royal Children's Hospital en Brisbane, Australia. La investigación revela que el azúcar estimula los analgésicos naturales del cuerpo y que algunos bebés que sufren de cólicos se calman con una solución de agua azucarada.

Reflujo

A veces un bebé que presenta todos los síntomas de un cólico realmente padece un síntoma conocido como reflujo gastroesofágico. El músculo en el extremo inferior del esófago es demasiado débil para mantener la leche en el estómago del bebé y esta fluye hacia arriba junto con los ácidos del estómago causando una dolorosa sensación de quemazón en el esófago. Una regurgitación excesiva es uno de los síntomas del reflujo. Sin embargo, no todos los bebés con reflujo vomitan la leche, y a menudo se hace un diagnóstico errado de cólicos. A menudo son niños difíciles de alimentar que constantemente arquean la espalda y lloran. También tienden a ser irritables cuando están tumbados y no se los puede calmar de ningún modo. Si su bebé presenta estos síntomas, solicite a su médico que le haga una prueba de reflujo. He visto demasiados casos de bebés a quienes se les ha diagnosticado cólicos cuando en realidad se trataba del síndrome del reflujo. Es importante que no se sobrealimente a un bebé que sufre de reflujo y que se lo mantenga lo más recto posible durante y después de la toma. Algunos bebés necesitan medicación durante varios meses hasta que sus músculos se fortalecen. Afortunadamente la mayoría supera el síntoma alrededor del año de edad.

Alice: seis semanas de edad

Alice tenía solo cuatro semanas cuando empecé a ayudar a sus padres a cuidarla. Anteriormente había cuidado a su hermano Patrick, que en ese momento tenía dos años, durante sus seis primeras semanas de vida. Había sido un bebé modélico y se había adaptado a mis programas de actividades desde el primer día. A las seis semanas ya dormía toda la noche y había continuado haciéndolo desde entonces. Siempre había comido bien y había sido un bebé muy fácil de cuidar. Tenía la certeza de que la madre solo necesitaría mi ayuda con el segundo bebé durante cuatro semanas, ya que había demostrado que comprendía a la perfección los ritmos de sueño y la importancia de los hábitos correctos y de la organización de las comidas.

Me sorprendió bastante que Alice no se hubiera adaptado a los programas de actividades. Se dormía alrededor de las 7 p. m., yo la despertaba sobre las 10 p. m., comía bien y volvía a dormirse hasta las 5 a. m. También dormía bien a la hora del almuerzo, pero ya no volvía a dormirse durante el día. Me llamó la atención que la madre la llevara con ella a todas partes, ya que cuando Patrick era un bebé ella había insistido en que debía aprender a entretenerse en su silla o a jugar de a ratos en su colchoneta. Después de varios días de ayudarla a cuidar a Alice descubrí que había que tenerla en brazos todo el tiempo, pues al minuto de dejarla en el suelo o en su silla se enfurecía. A largo plazo esto significaría un serio problema para la madre, que debía ocuparse de dos niños. La revisión médica de las seis semanas confirmó lo que ya sabíamos: que era muy adelantada para su edad tanto mental como físicamente. Sin embargo, el médico no fue capaz de dar ningún consejo sobre cómo hacerle la vida más feliz, y también a nosotros, durante el día.

Desesperados, recurrimos a un pediatra. Yo sugerí que aunque ella nunca regurgitaba la leche, revelaba algunas conductas que podrían indicar un reflujo. El pediatra negó rotundamente que padeciera de reflujo y sugirió que posiblemente la estuviéramos malcriando y que debíamos ser más estrictos y dejarla sola en su silla. Durante las siguientes dos semanas, a pesar de que las tomas de las 7 y las 10 p. m. eran muy reducidas, Alice dormía bien toda la noche. Sin embargo, la situación comenzó a empeorar y ella no dejaba de llorar y chillar. Las cosas se pusieron verdaderamente mal cuando comenzó a llorar y arquear su espalda en cuanto intentábamos darle de comer. Volvimos al pediatra porque yo estaba convencida de que su problema era el reflujo, pero él se mostró tan categórico como la primera vez. Pasaron aún dos semanas durante las cuales Alice se encontraba cada vez peor. Solicitamos una tercera cita con el pediatra. Esta vez la madre insistió para que le hicieran la prueba del reflujo y se comprometió a pagarla de su bolsillo. El resultado fue positivo: Alice sufría de un grave reflujo. Se le recetó un medicamento y rápidamente su conducta empezó a cambiar; se entretenía alegremente en su colchoneta con sus juguetes y empezó a comer mejor.

Lo triste del caso de Alice es que a muy temprana edad tuvo que soportar esos intensos dolores. Con demasiada frecuencia se tilda a los bebés de «difíciles» o se dice que tienen cólicos, cuando en realidad padecen de reflujo, un problema que no todos los médicos son capaces de diagnosticar.

El chupete

La mayoría de los expertos en bebés no están de acuerdo con el uso del chupete y afirman que a cualquier bebé ávido de succionar se debería permitirle encontrar su pulgar. La gran parte de los bebés descubren su pulgar, pero aún no he visto a ninguno que sea capaz de mantenerlo en su boca el tiempo suficiente como para encontrar placer al chupetear. En realidad, un bebé necesita por lo menos tres meses para adquirir la coordinación necesaria para mantener el pulgar en su boca durante un periodo de tiempo prolongado.

Me sorprende que algunos padres se inclinen por meter sus propios dedos en la boca del bebé y pasarse hora tras hora acunándolo y paseándose por la casa con el bebé en brazos antes que darle un chupete. Lo que consiguen es tener un bebé demandante que llora cuando lo ponen en su silla o en su cuna durante 15 minutos, simplemente por no acceder a darle un chupete.

Usado con moderación el chupete puede ser de gran ayuda, especialmente para un bebé «succionador». Sin embargo, es importante destacar que no se debe dejar al bebé con el chupete en la cuna ni dejarle adormecerse por el mismo chupeteo. Solo deben utilizarlo para calmarlo, incluso si es necesario a la hora de dormir, **pero es preciso quitárselo antes de que se duerma.** Acaso llore o grite un rato, pero pronto aprenderá que no le darán el chupete para dormir. Permitirle que se duerma con el chupete es uno de los peores hábitos y de los más difíciles de resolver y el bebé puede terminar despertándose varias veces por noche, y cada vez que lo haga esperará que le den el chupete para volverse a dormir. Este problema se puede evitar si se le quita el chupete justo antes de que se duerma.

He utilizado chupetes con un gran número de bebés y nunca he tenido problemas de consideración. Si los padres son selectivos con su utilización, alrededor de los tres meses casi todos mis bebés los rechazan. Si un bebé de cuatro meses sigue utilizando el chupete, lo ayudo a desprenderse de él en un periodo de dos semanas; demorar más tiempo podría ocasionar problemas.

Hay dos tipos de chupetes disponibles en las tiendas. Uno tiene una tetilla redonda tipo cereza y la otra tiene una forma achatada, y se llama ortodóntica. Algunos expertos afirman que esta última es la más adecuada para la boca del bebé, pero lo cierto es que la mayoría de los bebés no pueden sostener el chupete durante mucho tiempo. Suelo utilizar la de forma redondeada y hasta el momento ninguno de mis bebés ha tenido problemas con sus dientes, que es una de las consecuencias del uso excesivo del chupete. Cualquiera sea el modelo que elija, compre varios chupetes para poder cambiarlos con frecuencia. Se debe prestar la mayor atención a la limpieza del chupete; se lo debe lavar y esterilizar después de cada uso. Los padres nunca los deben meter en su propia boca para limpiarlos, lo que sucede con mucha frecuencia, pues existen en la boca muchos gérmenes y bacterias.

El llanto

He leído en varios libros sobre bebés que los más pequeños suelen llorar una media de dos horas diarias. También es esta la información que nos ofrece el Instituto de Investigación Thomas Coram de la Universidad de Londres, en la que se afirma que a las seis semanas se da un pico en el que el 25 por 100 de los bebés lloran y alborotan durante al menos cuatro horas al día. El doctor James Roberts también opina que el 40 por 100 de los llantos tienen lugar entre las 6 p. m. y la medianoche. Los investigadores holandeses Van de Rijt y Plooij, autores de *Why They Cry*, Thorsons (Por qué lloran), han invertido 20 años en estudiar el desarrollo de los bebés y afirman que se muestran inquietos y exigentes cuando atraviesan uno de los siete cambios neurológicos que tienen lugar durante el primer año de vida.

He observado que los bebés más pequeños se muestran más inquietos entre las tres y las seis semanas, lo que coincide con uno de los momentos críticos de crecimiento. Sin embargo, me horrorizaría si cualquiera de mis bebés llorara más de una hora al día, ¡ni que decir si lloraran entre dos y cuatro horas diarias! Un comentario que escucho ocasionalmente a los padres es que sus bebés están contentos con sus programas de actividades. Por supuesto que mis bebés lloran; algunos lloran cuando se les cambia el pañal, otros cuando les lavan la cara y unos pocos cuando los ponen en su cuna para que duerman. Con estos últimos soy muy estricta, pues sé que han comido bien, han eructado y solo tienen que dormir: los dejo llorar unos 10 ó 15 minutos para que se calmen. Este es el único llanto real que he experimentado que les sucede solo a una pequeña minoría de mis bebés y no dura más de una o dos semanas. Como es comprensible, todos los padres aborrecen escuchar llorar a su bebé; muchos se preocupan por si al dejarlo solo en la cuna llorando pueden contribuir a futuros problemas psicológicos. Afirmo rotundamente que si el bebé está bien alimentado y los padres han seguido mis programas de actividades en relación con los periodos de sueño del bebé y su reducción paulatina, su hijo no sufrirá ningún daño psicológico. A largo plazo el bebé estará feliz y satisfecho y habrá aprendido a dormirse en el momento indicado. Muchos padres que han seguido el método de la demanda del bebé con su primer hijo y que con el segundo han aplicado mis programas de actividades, confirmarán de todo corazón que mis métodos son los mejores y a largo plazo, los más sencillos.

Mark Weissbluth MD, director del Centro de Desórdenes del Sueño en el Hospital de Niños Memorial de Chicago, afirma, en su libro *Healthy Sleep Habits, Happy Child*, Ballantine/Random House (Hábitos de sueño saludables, niño feliz), que los padres deberían recordar que es aconsejable dejar que su bebé llore, aunque de ningún modo hacerlo llorar. También opina que será mucho más difícil para un bebé un poco mayor aprender a serenarse. Por lo tanto, no deben sentirse culpables ni considerarse crueles por dejarlo llorar durante un rato cuando se lo pone en su cuna para que duerma. Pronto aprenderá a calmarse solo, siempre que haya comido bien y haya estado despierto lo suficiente como para no estar excesivamente cansado.

El exceso de cansancio e impedirle al bebé que aprenda a clamarse solo antes de dormir son las principales razones para que el bebé llore mucho. Ningún bebé menor de cuatro meses debería estar despierto más de dos horas seguidas. También se debe tener cuidado de no estimularlo demasiado durante los 30 minutos previos a la hora de dormir. Cuando consulto a los padres sobre los hábitos de sueño del bebé, con frecuencia confirmo lo antedicho. Los padres se sorprenden de que una esmerada programación de los ritmos de sueño y de alimentación puedan reducir de un modo tan significativo el llanto del niño. A menos que el bebé esté enfermo, yo sería la primera sorprendida si el bebé llorara mucho, siempre que los padres se atengan a los programas de actividades que les sugiero. (Véase también las páginas 121-122.)

Los vínculos afectivos: lo que se debe esperar

La cantidad de atención ofrecida por los medios de información al «amor materno» y a «los vínculos afectivos» da la impresión de que la mayoría de las madres no saben cómo querer a sus bebés. No pasa un solo día sin que aparezca en alguna revista o en un periódico a doble página la noticia de una madre famosa con un aspecto absolutamente radiante mientras mece a su bebé vestido de diseño. El parto, independientemente de lo largo y difícil que haya sido, se describe como la experiencia más maravillosa, gozosa y enriquecedora.

A las pocas semanas ella afirma en un nuevo artículo que por primera vez en su vida se siente emocionalmente realizada y feliz. A pesar de su breve experiencia como madre se siente cualificada para dar consejos sobre la importancia de los vínculos amorosos; afirma que alimentar el bebé cada vez que lo pide y hacerlo dormir en la cama matrimonial es la única forma de amarlo. Ella y el bebé tienen ahora una relación maravillosa e incluso «espiritual» y se comprenden mutuamente a la perfección. En tan breve tiempo ella también se las ha arreglado (presumiblemente en las dos horas que tiene entre toma y toma) para protagonizar una película propuesta al Oscar, escribir una novela que ha sido un *best-seller* o ha conseguido volver a la pasarela, mostrándole al mundo lo sencillo que es recuperar la línea después de dar a luz.

Y todo esto, según ella, sin contratar a nadie para que la ayude, ya que desea que el bebé crezca en un entorno normal. Sin embargo, jamás vemos a una madre así luchando por subir a un autobús, con un paquete de pañales en una mano, varias bolsas de la compra en la otra y llevando al bebé en su mochila. No es extraño que, con toda la presión creada por los medios de comunicación y por estas «madres perfectas», muchas «madres normales» se sientan muy inseguras las primeras semanas. La realidad es que la mayoría de las madres que no pueden contratar a alguien para que las ayude, además de experimentar el amor y el goce también están agotadas por las noches de sueño interrumpido y por la sensación de fracaso y de frustración que les produce no poder calmar a un bebé irritado. Estas sensaciones pueden llevar a una madre a creer que no ama a su bebé lo suficiente o que no lo está cuidando como corresponde.

Pero los vínculos afectivos necesitan un tiempo para desarrollarse, a veces semanas o incluso meses. No se dejen persuadir de que el mejor modo de amar a su bebé es alimentarlo y dejarlo dormir cuando él quiera. Una y otra vez he recibido llamadas de madres deprimidas que se sienten culpables y a la vez resentidas por no saber cuidar a sus bebés. El verdadero problema reside en la falta de sueño y no en la falta de amor. La verdad es que para cualquier madre normal, el hecho de no poder dormir toda la noche de un tirón por la obligación de alimentar al bebé resulta un verdadero obstáculo para vincularse amorosamente con él.

Cuando se ha conseguido que el bebé se adapte a mis programas de actividades, pronto desaparecen los sentimientos de culpa y el resentimiento. Resulta mucho más fácil cuidar a un bebé satisfecho y feliz que a uno irritable y quejoso que necesita que lo alimenten y lo acunen constantemente. Los programas de actividades que recomiendo les ayudarán a entender las verdaderas necesidades de su bebé y cómo satisfacerlas, y además le permitirán disfrutar mientras cuida alegremente a su hijo.

3

Comprender el sueño de su bebé

E L SUEÑO DEL BEBÉ es quizá el aspecto más difícil de comprender, y esto se debe a que durante las primeras semanas todo lo que hace el bebé es comer y dormir. Aunque para muchos padres no representa ninguna dificultad, el hecho de que en el Reino Unido existan más de 126 clínicas especializadas en bebés y niños es una prueba contundente de que para muchos padres supone un verdadero problema. Si el recién nacido o el bebé está inquieto y tenso y no es posible calmarlo fácilmente, esto no necesariamente es un reflejo de lo que serán sus hábitos de sueño en el futuro.

Se puede conseguir un ritmo de sueño regular sin que esto suponga un trastorno para usted ni para su bebé poniendo en práctica las sugerencias que expongo en este libro. Con paciencia y perseverancia, en poco tiempo podrá organizar el programas de actividades que le indico y evitar así la agonía de meses de noches insomnes. Ha sido efectivo para cientos de mis bebés y sus padres; ¡también lo puede ser para usted!

La regla de oro, si usted desea que su bebé duerma toda la noche desde sus primeros días de vida y que desarrolle hábitos saludables de sueño a largo plazo, es establecer las asociaciones correctas y organizar las tomas del bebé desde el mismo día que regresa a casa del hospital. El consejo que se da en la mayoría de los libros sobre bebés, y también el más frecuente en los hospitales, es que los recién nacidos deben alimentarse cada vez que lo pidan con la frecuencia y el tiempo que ellos lo necesiten. Le dirán que acepte los modelos erráticos de sueño y alimentación de su bebé que son absolutamente normales y que las cosas mejorarán a partir de los tres meses. Recibo innumerables llamadas telefónicas y cartas de madres angustiadas cuyos hijos con edades entre los tres meses y los tres años tienen serios problemas para dormir y para comer; esto confirma que no es cierta la teoría de que los bebés se ordenan a partir de los tres meses. Y aunque el bebé lo haga, es bastante improbable que su organización se adapte a la del resto de la familia.

Algunos expertos opinan que ciertos bebés duermen toda la noche a los tres meses, sin embargo no destacan la importancia de guiarlos hacia ese objetivo. La madre inocente y agotada cree que a los tres meses se producirá un milagro, que no sucederá a menos que el bebé haya aprendido la diferencia entre el día y la noche, las siestas y el descanso prolongado y a menos que los padres hayan aprendido a organizar sus tomas desde el primer día.

La alimentación según la demanda del bebé

La frase «alimentación por demanda» se utiliza una y otra vez, confundiendo a la madre primeriza que cree que cualquier tipo de programación durante los primeros días perjudicará a su bebé en lo que respecta a la nutrición y, según algunos expertos, también a sus emociones. Yo estoy de acuerdo absolutamente en que la costumbre de imponerle al bebé invariablemente una toma cada cuatro horas, ya sea con biberón o con el pecho materno, es anticuada y no es natural para los recién nacidos. Pero creo que el término «alimentación por demanda» se usa con demasiada ligereza. Con mucha frecuencia recibo llamadas desesperadas de las salas de maternidad. La petición de ayuda es siempre la misma. El bebé come durante una hora, normalmente cada dos horas desde las 6 p. m. hasta las 5 a. m. La madre generalmente está exhausta y sus pezones comienzan a agrietarse.

Cuando pregunto cómo está el bebé durante el día, la respuesta usual es: «Es muy bueno durante el día, se alimenta y luego duerme durante cuatro horas o más». Los expertos siempre sostienen que un recién nacido puede necesitar de ocho a doce tomas diarias. No es sorprendente, por lo tanto, que un bebé que solo ha comido cuatro veces entre las 6 a. m. y las 6 p. m., o incluso menos aún, se despierte varias veces por noche para satisfacer sus necesidades diarias. A pesar del hecho conocido de que los recién nacidos necesitan esta cantidad de tomas por día, siempre me sorprende que el personal del hospital anime a las madres a dejar que sus bebés duerman periodos prolongados durante el día para prepararse para la difícil noche que tendrán por delante. Desgraciadamente, el modelo de las noches insomnes a menudo se establece antes de que la madre y el bebé abandonen el hospital.

Una vez en casa, los padres primerizos se agotan con la difícil tarea de calmar a su bebé. En su desesperación siguen los consejos ofrecidos en la mayoría de los libros disponibles, es decir: acune o alimente al bebé para que se duerma, llévelo a dar un paseo en el coche hasta que se duerma y finalmente, si lo anterior fracasa, métalo en su propia cama.

La mayoría de los expertos en bebés aceptan que la conducta del bebé es normal y que este modo de abordar el problema también es normal. Tras meses de noches insomnes y días agotadores en los que el bebé aún se alimenta cada dos o tres horas, muchos padres piden a su médico de cabecera que los mande a una clínica especializada en los desórdenes del sueño de los bebés. O también compran uno o varios libros sobre cómo conseguir que el bebé duerma toda la noche, solo para enterarse de que lo han hecho mal desde el primer momento. El motivo real de que el bebé sea incapaz de dormir bien se debe a que se han establecido las asociaciones inadecuadas, como, por ejemplo, darle de comer, acunarlo, darle palmaditas, etc., hasta que se duerma.

Dilly Dawes, un destacado psicoterapeuta infantil de la clínica Tavistock, y David Messer, de la Universidad de Herefordshire, han realizado extensas investigaciones sobre los modelos de sueño de los bebés y los niños pequeños. Ambos han llegado a la misma conclusión: que los hábitos de los sueños de un bebé se pueden determinar por las expectativas prenatales de la madre. Dilly describe a las madres como «reguladoras» o «facilitadoras». La madre reguladora tiene las ideas muy claras sobre cómo acoplar al bebé en su vida. La madre facilitadora intenta adaptarse a las inclinaciones de su bebé. Dilly afirma que las primeras suelen tener menos problemas que las segundas. David Messer parece respaldar esta opinión y sostiene que si una madre espera tener que levantarse varias veces por noche, seguramente así será.

Mi propia experiencia me permite decir que esta conducta es real en muchos padres. Pero la actitud de la madre facilitadora a menudo se modificará cuando comprenda que el bebé no es capaz de dormir bien debido a las asociaciones erróneas que ha aprendido de ella. Para corregir dichas asociaciones, es importante que usted advierta en qué momento su bebé está realmente listo para irse a dormir. Es esencial comprender los ritmos naturales de sueño de los bebés más pequeños, pues de otro modo se estará librando una batalla perdida de antemano.

Los ritmos del sueño

La mayoría de los más destacados expertos coinciden en que un recién nacido duerme aproximadamente 16 horas al día las primeras semanas. Esa cantidad de horas se dividen en una serie de descansos cortos y prolongados. Durante los primeros días el sueño está asociado a la necesidad del bebé de comer poco y a menudo. Puede tardar hasta una hora en alimentar, hacer eructar y cambiar al bebé, tras lo cual caerá en un profundo sueño despertándose frecuentemente para la siguiente toma. Es comprensible que los padres primerizos experimenten una falsa sensación de seguridad. El bebé hace exactamente lo que dice el libro. En un periodo de 24 horas, con seis a ocho tomas diarias que duran entre 45 minutos y una hora, el bebé termina por dormir unas 16 horas al día.

Pero hacia la tercera o cuarta semana, el bebé está más atento y no concilia un sueño profundo inmediatamente después de comer. Los padres se ponen ansiosos y apelan a todos los recursos posibles que ya he mencionado anteriormente, sin advertir que el comportamiento del bebé es completamente normal.

Es precisamente alrededor de esta edad cuando empiezan a manifestarse las diferentes etapas del sueño. Los bebés, igual que los adultos, atraviesan diferentes etapas cuando duermen. Pasan de un sueño ligero a uno que incluye sueños, conocido como REM, y luego concilian un sueño profundo. El ciclo es más corto que el de los adultos, y dura aproximadamente entre 45 minutos y una hora. Algunos bebés solo se mueven en la cama cuando pasan del sueño profundo al superficial, otros se despiertan. Si el bebé tiene que comer, esto no supone ningún problema. Sin embargo, si solo ha pasado una hora desde la última toma y no aprende a calmarse solo, con el paso de los meses esto puede convertirse en un problema.

Recientes investigaciones han demostrado que todos los bebés pasan de un sueño profundo a uno superficial y se despiertan aproximadamente el mismo número de veces durante la noche. Solo los que duermen mal son incapaces de volver a dormirse profundamente porque generalmente los ayudan a conciliar el sueño con alguno (o todos) de los métodos mencionados.

Si usted desea que su bebé desarrolle buenos hábitos de sueño desde el comienzo, es importante evitar las asociaciones incorrectas. Mis programas de actividades están organizados de modo que su bebé se alimente bien, no acumule un exceso de cansancio y no aprenda las asociaciones inadecuadas a la hora de dormir.

Respuestas a sus preguntas

P.: ¿Cuántas horas necesita dormir mi bebé recién nacido por día?
R.:
- Según el peso, y dependiendo de si ha sido prematuro, la mayoría de los bebés necesitan alrededor de 16 horas diarias, divididas en periodos más cortos y más largos.

- Los bebés más pequeños y los prematuros necesitan dormir más y es más probable que dormiten en las tomas.
- Los bebés de mayor tamaño son capaces de mantenerse despiertos alrededor de una hora y de dormirse profundamente durante 4 ó 5 horas al menos una vez al día.
- Cuando tienen un mes, la mayoría de los bebés que se alimentan bien y ganan peso (entre 170 y 225 g por semana), son capaces de dormir una siesta prolongada de 5 a 6 horas entre las tomas.

P.: ¿Cómo puedo estar segura de que el niño dormirá más horas seguidas durante la noche que durante el día?

R.:
- Siga los programas de actividades que le indico y comience siempre el día a las siete de la mañana para tener tiempo de darle todas las tomas antes de las 11 p. m.
- Intente mantener despierto a su bebé durante al menos seis a ocho horas entre las 7 a. m. y las 7 p. m.
- Procure que su bebé esté despierto la mayor parte del periodo social de dos horas. Cuando esté despierto un total de ocho horas entre las 7 a. m. y las 7 p. m., será más fácil que duerma toda la noche.
- Distinga en todos los casos entre la hora del sueño y la de la vigilia. Durante las primeras semanas el bebé debe dormir en una habitación a oscuras en todas las ocasiones.
- No hable a su bebé ni lo estimule en exceso durante las tomas entre las 7 a. m. y las 7 p. m.

P.: Intento atenerme a sus programas de actividades, pero mi bebé de cuatro semanas solo se mantiene despierto una hora después de las tomas. ¿Debería mantenerlo más tiempo despierto?

R.:
- Si su bebé se alimenta bien, gana entre 180 y 225 g por semana, duerme bien entre las tomas nocturnas y está atento en algunos de sus periodos de vigilia durante el día, simplemente es uno de los bebés que necesitan dormir más.

- Si se despierta más de dos veces por noche o se queda despierto una hora por la noche a pesar de haber quedado satisfecho en la toma de las 11 p. m., intente estimularlo un poco más durante el día.
- La toma de las 11 p. m. debería ser un momento de tranquilidad, aunque si el bebé tiene menos de tres meses debería estar despierto unos 45 minutos. Si se alimenta medio dormido, seguramente se despertará a las 2 ó 3 a. m.
- Si usted organiza las tomas y las horas de sueño de su bebé entre las 7 a. m. y las 11 p. m. de acuerdo con lo indicado en mis programas de actividades, su bebé se despertará a la hora esperada.

P.: El programa de actividades parece bastante restrictivo. Si yo salgo con mi bebé de cuatro semanas cuando está despierto, él se duerme en su coche; ¿esto significaría que duerme demasiado?
R.:

- Independientemente de que su bebé siga mis programas de actividades o no durante los primeros dos meses, la vida resulta restrictiva debido a la cantidad de tiempo que usted dedica a alimentar a su bebé.
- A los dos meses la mayoría de los bebés comen más rápido y duermen más entre las tomas.
- Si usted se organiza durante los primeros dos meses para que sus salidas coincidan con la hora de sueño del bebé, a las ocho semanas podrá pasar más tiempo despierto cuando lo saque de paseo en el coche o en su silla.

P.: Mi bebé de cuatro semanas ha empezado a despertarse a las nueve de la noche; si le doy de comer, se despierta dos veces por la noche, a la 1 a. m. y a las 5 a. m. He tratado de mantenerlo despierto hasta las 10 p. m., pero entonces está tan cansado que no come bien y luego se despierta antes.
R.:

- Alrededor del mes el sueño ligero y el profundo empiezan a definirse mucho más. Muchos bebés concilian un sueño ligero alrededor de las 9 p. m., por lo que debe asegurarse de que en la zona cercana a donde duerme el bebé no haya ruidos estridentes o repentinos y de que el bebé no pueda oír su voz.

- Los bebés que se alimentan con el pecho materno necesitan un suplemento de leche después de la toma de las 6 p. m.; es importante que la madre se haya extraído leche para estas ocasiones.
- Si le ha dado de comer a las 9 p. m. para calmarlo, ya sea con un solo pecho o con unos pocos mililitros de leche, entonces postergue la toma de las 10.30 p. m. hasta las 11.30 p. m. Si se termina esta toma, podrá dormir hasta las 3.30 a. m.

P.: Siempre tengo que despertar a mi bebé de diez semanas para la toma de las 10.30 p. m., luego sólo toma unos 700 ó 950 ml y se despierta otra vez a las 4 a. m. ¿Podría omitir la última toma para ver si duerme hasta las 4 a. m.?

R.:
- Yo no le aconsejaría eliminar aún esa toma, puesto que el bebé podría despertarse a la 1 a. m. y a las 5 a. m., y de este modo se despertaría dos veces por noche. Me parece mejor que el bebé duerma hasta las 7 a. m. y tome algún alimento sólido antes de omitir la toma de las 11 p. m. Esto normalmente sucede entre los tres o cuatro meses.
- Observe si está bien arropado en su cuna; para un bebé a menudo resulta suficiente destaparse para despertarse completamente y girar en la cuna durante el periodo del sueño ligero. Si este no es el caso, yo esperaría 10 ó 15 minutos antes de ir a buscarlo y luego intentaría calmarlo con un poco de agua. Si se calma de este modo, no se perderá la última toma del día y a su edad la cantidad de leche que ingiere en ese momento evita que sea necesario alimentarlo por la noche. Si no se calma con el agua que le ofrece, puede calmarlo con una pequeña toma y volver a intentarlo en un par de semanas.

- Si, cuando llega a los cuatro meses, y ya come algo sólido aún se despierta, yo le ofrecería agua durante algunas noches y luego buscaría alguna solución más estricta si eso no fuera eficaz. Esto, por supuesto, solo en el caso de que su bebé gane el peso adecuado cada semana e ingiera la cantidad indicada de alimentos durante el día.

P.: Mi amiga tiene un bebé de tres meses que, a pesar de no tener un programa de horas de sueño durante el día, duerme bien toda la noche y se le ve feliz. ¿Es realmente importante definir los momentos que el niño debe dormir durante el día?

R.:

- Recientes investigaciones demuestran que los niños con una edad máxima de dos años se benefician física y psicológicamente cuando duermen una siesta a mitad del día.
- Durante los primeros meses muchos bebés dormitan en el asiento del coche o en su moisés, y esto puede ser muy conveniente para los padres porque les permite tener más flexibilidad. Desgraciadamente, cuando el bebé crece y es más activo, es improbable que se duerma satisfecho en el asiento del coche. Más adelante también puede resultar más difícil que duerma en su cuna durante el día.
- Echar una cabezada en el asiento del coche supone un sueño corto y de mala calidad; a medida que crezca preferirá pasar la mayor parte del día echándose una siesta y se encontrará cansado e irritable.

P.: Mi bebé de seis meses, que siempre ha dormido 45 minutos por la mañana más dos horas después de comer, se despierta ahora tras una hora y se niega a volverse a dormir. Tampoco acepta dormir una siesta por la tarde, está muy malhumorado y tiene que irse a la cama a las 6 p. m. Como resultado, cada vez se despierta más temprano.

R.:

- Compruebe que no lo perturbe el ruido de una aspiradora ni los gritos de los niños jugando en la calle; también que la habitación esté realmente a oscuras y que el bebé esté bien arropado en su cuna.

- Asegúrese de que está haciendo suficiente ejercicio físico por las mañanas; a su edad debería pasar gran parte del tiempo que está despierto jugando en el suelo, girándose sobre sí mismo y dando pataditas.
- No lo deje dormir antes de las 9 a. m., y recorte esta siesta diez minutos cada tres días hasta que se acostumbre a dormir solo 20 ó 25 minutos por las mañanas.

P.: ¿A qué edad cree usted que un bebé puede prescindir de la siesta diurna?

R.:

- Según mi experiencia, todos los bebés y los niños pequeños se benefician cuando se organiza correctamente los horarios del sueño hasta que tienen al menos dos años. Cuando son mayores no necesitan dormir durante el día, pero es importante, tanto para la madre como para el bebé, que pase un cierto tiempo tranquilo en su cuna.
- La mayoría de los bebés más pequeños necesitan tres siestas durante el día, una de las cuales debería ser prolongada y las otras dos breves. Entre los cuatro y los seis meses el bebé normalmente prescinde de la última siesta de la tarde.
- Entre los 15 y 18 meses su bebé dará muestras de querer omitir la segunda siesta. Usted debería estimularlo para que eliminara la siesta de la mañana.
- Si omite la siesta de la tarde y duerme dos horas por la mañana, alrededor de las 6 p. m. estará exhausto y se quedará profundamente dormido a las 7 p. m. Normalmente esto tiene como consecuencia que se despierte más temprano por la mañana.

4

La alimentación durante el primer año de vida

La lactancia materna

E L PECHO es la forma más natural y la mejor para alimentar a su bebé, en esto coinciden todos los expertos. Algunos han dedicado libros enteros a explicar cómo conseguir amamantar con éxito al bebé y exponer los beneficios que representa para la madre y para su bebé. Inmediatamente después del parto, las comadronas sugieren a las madres primerizas que pongan a su bebé al pecho y les enseñan como colocarlo y sostenerlo. También existen organizaciones que se dedican a promocionar la lactancia materna y que ofrecen la ayuda de expertos consejeros para las madres que experimentan dificultades durante las primeras semanas.

De acuerdo con diferentes estudios, a pesar de toda la ayuda disponible, solo el 67 por 100 de las madres amamantan a sus bebés hasta que tienen un mes, el resto abandonan entre las dos y las cuatro semanas.

Los motivos más comunes que esgrimen las madres para abandonar la lactancia son:

- la sensación de que no producen leche suficiente;
- los pezones agrietados y el dolor que sienten durante la lactancia;
- el bebé no se queda satisfecho y no prospera;
- se sienten exhaustas debido a la duración de las tomas, que a menudo se extienden durante toda la noche;

- no disfrutan al dar el pecho a su bebé y comienzan a temer los horarios de las tomas.

Creo que es muy triste que una madre abandone la lactancia por alguna o todas de las primeras cuatro razones. Sin embargo, una madre a la que realmente no le proporcione ningún placer amamantar a su bebé no debería seguir intentándolo. Para citar a una experta en puericultura como es Penelope Leach, «la alimentación es solo una parte de la maternidad». He observado a cientos de mujeres en los últimos diez años y me gustaría comunicar a cualquier madre que no se muestre deseosa de amamantar a su bebé que, contrariamente a lo que algunos gurus de la lactancia aconsejan, su bebé no sufrirá ni física ni emocionalmente si usted decide alimentarlo con leche maternizada. Lo más importante es que usted y su bebé estén contentos con lo que hacen, y esto resultará muy difícil para ambos si a usted no le gusta darle el pecho. Hablando de mi experiencia personal, mi propia madre solo me dio el pecho durante diez días, y creo que nadie ha tenido un vínculo tan importante como mi madre y yo. Tengo amigos que fueron amamantados durante casi dos años y, sin embargo, no pueden soportar a sus madres. De modo que si usted decide que la lactancia no es para usted, ignore las críticas, alimente a su bebé con biberón y disfrute de su hijo. Cientos de miles de bebés son alimentados exclusivamente con leche maternizada y crecen y se desarrollan perfectamente. La realidad es que si la leche maternizada no fuera un buen sustituto para el pecho materno cuando es imposible amamantar al bebé, hubiera sido prohibida por las autoridades sanitarias hace ya muchos años.

De cualquier modo, debo destacar que, a pesar de los consejos que pueda recibir de abuelas o tías bien intencionadas, la alimentación con biberón no le garantiza necesariamente que el bebé esté más satisfecho ni facilitará que su bebé se adapte a los programas de actividades. Siempre se necesita tiempo y perseverancia para establecer un programa de actividades, de modo que no cambie la forma de alimentar a su bebé dándole leche maternizada con la esperanza de conseguir resultados inmediatos. Un bebé que se alimenta con biberones necesita la misma ayuda para adaptarse a un programa de actividades que el bebé que toma el pecho; la única diferencia es que toda la responsabilidad recae absolutamente en la madre que amamanta a su bebé. Mis programas de actividades para la lactancia materna ofrecen el mejor de ambos mundos para las madres que desean dar el pecho pero que también quieren establecer un programa de actividades.

He probado diversos medios para establecer el programa de actividades para la lactancia, y el que he esbozado es sin lugar a dudas el que ha probado ser más efectivo. Las madres que siguen todas mis indicaciones afirman que a las dos semanas ya se ha definido el modelo definitivo de alimentación y de sueño, el bebé gana peso satisfactoriamente y, lo que es más importante, el bebé está contento. Antes de explicar cómo y por qué mis métodos son efectivos, comentaré brevemente los puntos débiles de otros métodos que he probado y por qué creo que no siempre se adaptan a las necesidades naturales del bebé.

Programas de actividades cada cuatro horas

Hace algunos años, cuando los partos en el hospital sustituyeron al parto en casa, las mujeres permanecían en la sala de maternidad 10 ó 14 días. Cuando abandonaban el hospital normalmente los bebés ya estaban acostumbrados a un programas de actividades de cuatro horas. A las madres que daban el pecho se les insistía para que adoptaran el mismo modelo que la de los bebés alimentados a biberón. Se traía a los bebés junto a sus madres cada cuatro horas para alimentarlos y, tras unos estrictos 10-15 minutos en cada pecho, se los llevaba nuevamente al nido. Si un bebé no aguantaba cuatro horas entre las tomas, se le notificaba a la madre que no estaba produciendo suficiente leche y se le aconsejaba darle una toma adicional de leche maternizada. Sería multimillonaria si hubiera ahorrado una libra por cada abuela que me ha dicho «Mi leche se agotó en cuanto abandoné el hospital».

La realidad es que, debido a los programas de actividades tan rígidos y al tiempo tan restringido de las tomas, la leche de la madre había empezado a agotarse mucho antes de abandonar el hospital. La moda del biberón fue imperante en los cincuenta y los sesenta, época en la cual muchas madres ni siquiera intentaron dar el pecho a sus bebés. Esta tendencia continuó en los años setenta. Más tarde, cuando se descubrió nueva información sobre los beneficios de la alimentación natural, se volvió nuevamente a la lactancia materna.

Las razones principales por las que puede fracasar una alimentación cada cuatro horas son:

- Seis tomas diarias durante los primeros días no suelen ser suficientes para estimular una buena producción de leche.
- Los bebés necesitan comer poco y a menudo durante los primeros días; restringir su alimentación a seis tomas puede suponer que el bebé no ingiera todo lo que necesita.
- Los bebés que tienen entre una y seis semanas a menudo necesitan al menos treinta minutos para llegar a la última parte de la leche que es la más nutritiva.
- Esta leche es al menos tres veces más rica en grasas que la que sale al principio de la toma, y es esencial para satisfacer al bebé.

Alimentación por demanda

El consejo que se da actualmente a las madres es que alimenten al bebé siempre que lo pide. Se anima a las madres a que sigan el ritmo de sus bebés permitiéndoles comer con la frecuencia que necesitan y durante todo el tiempo que sea necesario. De esta forma sabrán que el bebé esta bien nutrido y que no pasa hambre, puesto que cada vez que el bebé vacía el pecho estimula la producción de leche. Al abandonar el hospital, muchos bebés se alimentan entre 10 y 12 veces al día. Se asegura a las madres que esto es normal durante las primeras semanas y que poco a poco el bebé comenzará a distanciar las tomas.

Estoy totalmente de acuerdo en que se ponga frecuentemente el bebé al pecho para estimular la producción de leche los primeros días, pero no me parece bien que el bebé succione todo lo que desea, pues algunos bebés «succionadores» chuparán durante horas el pecho dejando a la madre exhausta cuando la lactancia apenas ha empezado. Con gran frecuencia observo madres que al final de la primera semana de darle el pecho a sus bebés están hartas de hacerlo. La queja es siempre la misma: agotamiento porque el bebé se alimenta durante horas cada vez y los pezones se reblandecen y duelen y, lo que es peor, a menudo se agrietan y sangran por no colocar correctamente al pecho al bebé. Según mi experiencia, se puede enseñar una y otra vez a una madre cuál es la forma correcta de colocar al bebé, pero si está agotada es improbable que disponga de la energía necesaria para concentrarse correctamente en la posición del bebé al pecho.

Además de indicar a las madres que deberían dar el pecho al bebé cuando él lo pide, también se les aconseja que descansen mucho y se alimenten correctamente. Este consejo es totalmente contradictorio e imposible de aplicar y la madre puede llegar a sentirse una fracasada.

El segundo problema que surge una y otra vez cuando una madre amamanta por demanda, es el de los bebés dormilones. Con gran frecuencia estos bebés nacen por cesárea. La madre tiene una falsa sensación de seguridad y anuncia con orgullo que duerme y se alimenta bien y que a menudo pasan cinco o seis horas entre las tomas. Al final de la primera semana, la leche de la madre ya se ha equilibrado con las necesidades del bebé. La realidad surge en el hogar alrededor de la décima semana, cuando el bebé se muestra más animado y empieza a pedir más comida. Es entonces cuando la madre debe recurrir a tomas breves y frecuentes para satisfacer al bebé, y esto genera en las madres la sensación de estar retrocediendo. Una vez más, el término «alimentación por demanda» es contradictorio. Implica que al alimentar a su bebé cada vez que él lo pide, él obtendrá toda la leche que necesita. Muy frecuentemente no se aclara a las madres de estos bebés dormilones que deberían despertarlos cada tres o cuatro horas para darles de comer. Si fuera necesario, la madre debería extraerse leche dos o tres veces al día para estimular la subida de la leche y prepararse para el momento en que el bebé lo solicite.

Existe aún otro motivo muy importante por el cual se usa con demasiada ligereza la expresión «alimentación por demanda», y es que conduce a las madres a creer que es normal que el bebé se alimente varias veces por noche. Cuando no se organiza un ritmo de alimentación, no existen garantías de que el bebé se alimentará más durante el día que durante la noche. Una vez más, el consejo es que el bebé se regulará por sí mismo, ¡pero no se les comunica a las madres que algunos bebés tardan meses en hacerlo! Con frecuencia visito a madres cuyos bebés comen tanto durante la noche que las tomas diarias suelen ser breves y esto conduce a un círculo vicioso por el que el bebé necesita alimentarse más por la noche para estar satisfecho.

Los motivos principales por los que puede fracasar la alimentación por demanda son:

- El término «alimentación por demanda» se usa demasiado literalmente y se alimenta al bebé cada vez que llora. No se les enseña a las madres que encuentren otras razones para el llanto del bebé, por ejemplo, un exceso de estimulación o de cansancio.
- Un bebé que se alimenta 10-12 veces por día después de la primera semana se agotará rápidamente por la falta de sueño.
- El agotamiento y el estrés reducen la producción de leche materna y aumentan la necesidad del bebé de alimentarse poco y a menudo.
- El agotamiento hace que la madre no sea capaz de concentrarse para colocar correctamente al bebé al pecho.
- Esto produce dolor al amamantar y a menudo pezones agrietados y sangrantes.
- Un bebé dormilón que duerme demasiado entre las tomas los primeros días de vida reduce la posibilidad de que la madre produzca la leche suficiente.

Mis métodos para una lactancia satisfactoria

La clave para una lactancia satisfactoria es comenzar a dar el pecho correctamente. Todos los que dan consejos sobre la lactancia coinciden en que es necesario estimular los pechos con frecuencia durante los primeros días para producir suficiente leche. Estoy totalmente de acuerdo con ellos. Hace años, la falta de estimulación de los pechos era una de las razones principales por las que la lactancia fracasaba cuando se aplicaba un programa estricto de alimentación cada cuatro horas. Se trata del mismo motivo por el cual fracasa la lactancia con un bebé muy dormilón.

La mejor manera de inaugurar la lactancia es poner el bebé al pecho a menudo y durante periodos breves los primeros días. Aconsejo a las madres que solicitan mi ayuda que

Cómo colocar el bebé al pecho

comiencen ofreciendo cinco minutos de cada pecho cada tres horas, aumentando unos pocos minutos cada día hasta que suba la leche, lo que ocurre entre el tercero y quinto día; para entonces usted debería aumentar el tiempo de succión del bebé a 15-20 minutos. Muchos bebés tendrán suficiente con el primer pecho y estarán saciados como para dormir tres horas antes de tener hambre otra vez.

Sin embargo, si su bebé tiene hambre antes de que hayan pasado tres horas, debería ofrecerle ambos pechos en cada toma. Es imprescindible que se asegure usted de que el bebé ha vaciado completamente el primer pecho antes de ofrecerle el segundo. Si lo hace demasiado rápido, solo obtendrá la primera leche, y esta es una de las causas por las que los bebés nunca parecen satisfechos y además sufren de cólicos. A un bebé somnoliento le llevará unos 20-25 minutos mamar la primera parte de la leche —que es al menos tres veces más grasa— y vaciar el pecho.

Alimentar a su bebé cada tres horas le ayudará a equilibrar la producción de leche más rápidamente. Si el bebé está satisfecho durante el día, es más probable que duerma más tiempo entre las tomas nocturnas. También se evita que la madre se agote, que es otro de los principales factores por los que falla la lactancia. Durante los primeros días, entre las 6 a. m. y la medianoche, despierte a su bebé cada tres horas para darle el pecho durante un breve periodo de tiempo. De esta forma asegurará el mejor inicio para la lactancia cuando la producción de leche se equilibre. Como pasa con todo en la vida, el éxito solo se obtiene cuando se construye una buena base. Todas las madres que atiendo y que han establecido un ciclo de tres horas en el hospital, descubren que al final de la primera semana ya se ha establecido un ritmo de alimentación y que pronto podrán adaptarlo al primero de los programas de actividades que propongo.

El primer programa de lactancia materna no solo le ayudará a crear una buena producción de leche, sino que la capacitará para aprender cuáles con las diversas necesidades del bebé: hambre, cansancio, aburrimiento o un exceso de estimulación.

Las razones principales por las que mis métodos de lactancia son tan satisfactorios son:

- Despertar al bebé cada tres horas los primeros días para ofrecerle tomas breves permite que los pezones de la madre se acostumbren gradualmente a la succión del bebé. Esto evita que duelan los pezones y, lo que es peor, que se agrieten y sangren. También contribuirá a evitar el dolor de la subida de la leche.
- Tomas breves y frecuentes evitarán que el bebé se pase horas succionando un pecho vacío para satisfacer su hambre, lo que ocurre a menudo cuando se permite dormir al bebé más de tres horas la primera semana entre tomas.
- El estómago de un recién nacido es muy pequeño y solo se pueden satisfacer sus necesidades diarias comiendo poco y a menudo. Si alimenta a su bebé cada tres horas entre las 6 a. m. y la medianoche, no debería aparecer el «síndrome de dar el pecho durante toda la noche». Incluso el bebé más pequeño es capaz de dormir largamente entre las tomas y, si se siguen mis consejos, esto sucederá por la noche y no durante el día.
- La lactancia materna solo será satisfactoria si la madre se siente cómoda y relajada. Esto resulta imposible si tras dar a luz se siente agotada por tener que despertarse para amamantar durante toda la noche. El estrés y el agotamiento son los motivos esenciales por los que se suele abandonar la lactancia antes del primer mes.
- Los recién nacidos no diferencian el día de la noche. Los bebés solo aprenden a asociar las horas del día con la alimentación y las actividades sociales si no se les permite dormir durante periodos muy prolongados entre las tomas desde las 7 a. m. hasta las 7 p. m.
- Un bebé dormilón quizá no pida alimento con mucha frecuencia los primeros días, razón por la cual los pechos de la madre no son estimulados suficientemente. Si el bebé mama cada tres horas aunque sea un rato, habrá una producción suficiente de leche.

La producción de leche

Reflejo de salida de la leche

Las hormonas producidas durante el embarazo colaboran en la preparación de sus pechos para producir leche. Cuando nace el bebé y se lo pone al pecho, la glándula pituitaria que se encuentra en la base del cerebro libera una hormona llamada oxitocina que envía a los pechos una señal para «dejar salir» la leche. Los músculos que soportan las glándulas lácteas se contraen y se empuja la leche hacia el exterior a través de los 15 ó 20 conductos lácteos mientras el bebé succiona. Muchas mujeres sienten un ligero cosquilleo en los pechos y su útero se contrae al salir la leche. Estas sensaciones desaparecen normalmente durante la primera o segunda semana. Es posible que la leche fluya de sus pechos cuando usted escuche llorar a su bebé o si piensa en él cuando no está a su lado. Si está tensa o muy estresada, la oxitocina no se libera y la leche no sale con facilidad. Es esencial que usted esté relajada para dar el pecho a su bebé con éxito. Quizá pueda resultar útil preparar todo lo que necesita para una toma con anticipación. Siéntese cómodamente con la espalda recta y el bebé bien apoyado y colocado correctamente al pecho. Si le duelen los pechos debido a una postura inadecuada del bebé, esto afectará el nivel de oxitocina y por lo tanto el reflejo de salida de la leche.

Composición de la leche

La primera leche que sus pechos producen se denomina calostro. Es más rica en proteínas y en vitaminas y más pobre en carbohidratos y grasas que la leche madura que aparecerá entre el tercero y quinto día. El calostro contienen también algunos de sus anticuerpos que ayudarán a su bebé a resistir cualquier infección. Comparado con la leche madura, el calostro es más espeso y más amarillento. Entre el segundo y el tercer día los pechos producen una mezcla de calostro y leche madura. Entre el tercero y el quinto día los pechos se ponen turgentes y la madre los siente duros, sensibles y a menudo dolorosos al tacto. Es la señal de que ya hay leche madura. El dolor proviene no solo de la subida de la leche, sino del aumento de tamaño de las glándulas lácteas de los pechos y del mayor flujo sanguíneo que reciben. Cuando sube la leche, es esencial dar el pecho al bebé con frecuencia y en tomas breves, de este modo se estimula una buena producción de leche y se alivia el dolor. En este momento acaso resulte difícil que el bebé se coja al pecho y puede ser necesario sacarse un poco de leche antes de alimentarlo. Esto se puede lograr colocando paños de franela húmedos y tibios sobre los pechos y exprimiéndolos suavemente con la mano. Muchas madres sienten alivio colocándose hojas de col tibias dentro de sus sujetadores entre las tomas.

La leche madura es muy diferente del calostro. Es menos espesa y ligeramente azulada, y su composición cambia durante la toma. Al principio mana mucha cantidad de leche, pero es pobre en grasas. Cuando el bebé succiona más lentamente y hace pausas más prolongadas, esto es un signo de que está mamando la leche más importante. Es fundamental que llegue a mamar esta leche aunque sea en poca cantidad, pues es la que le ayudará a dormir más tiempo entre las tomas. Si se lo pasa al segundo pecho antes de haber agotado el primero, probablemente solo tomará dos lotes de la primera leche, tendrá hambre otra vez en un par de horas y con la siguiente toma empezará a sufrir de cólicos. Algunos bebés no tienen suficiente con un solo pecho y necesitan mamar del segundo; es esencial que haya vaciado el primero antes de ofrecerle el segundo. Creo que al final de la primera semana, si los bebés han succionado 25 minutos el primer pecho y 5-15 el segundo, podemos estar seguros de que ingieren la cantidad correcta de ambos tipos de leche y que estarán satisfechos en la siguientes tres o cuatro horas. Si su bebé mama de los dos pechos en cada toma, recuerde empezar siempre la siguiente toma con el pecho con el que terminó la última toma y de este modo podrá estar segura que cada pecho se habrá vaciado totalmente cada dos tomas.

A fin de conseguir que la leche mane fácilmente y que el bebé ingiera la cantidad adecuada de ambos tipo de leche, se deberían respetar las siguientes indicaciones:

- Intente descansar al máximo durante las tomas y no deje que pase demasiado tiempo entre sus comidas. También debe tomar tentempiés sanos entre las comidas.

- Prepare con anticipación todo lo que necesita para una toma: una silla cómoda con apoya brazos y respaldo recto y quizá una banqueta. Cojines para usted y para el bebé, un poco de agua y una música suave para crear un ambiente relajado y gozoso para ambos.

- Tómese todo el tiempo necesario hasta encontrar la posición correcta para el bebé; una mala postura tiene como consecuencia que los pezones se agrieten, sangren o duelan. Esto puede afectar la salida de la leche y el bebé resultar insatisfecho.

- Asegúrese de que el bebé agota completamente el primer pecho antes de ofrecerle el segundo. Es la pequeña cantidad de la leche rica en grasas que mana al final de una toma la que conseguirá que su bebé duerma más tiempo entre las tomas.

- No todos los bebés necesitan el segundo pecho los primeros días. Si su bebé ha vaciado el primer pecho, hágalo eructar, cámbiele el pañal y luego ofrézcale el segundo pecho. Si quiere más, lo aceptará; en caso contrario, empiece la siguiente toma por este pecho.

- Si su bebé acepta su segundo pecho, de cualquier modo empiece la siguiente toma por este pecho y se asegurará de que ambos pechos están completamente vacíos cada dos tomas, lo que produce la señal necesaria para que los pechos generen más leche.

- Una vez que ha subido la leche y ha conseguido imponer un ritmo a la alimentación del bebé, es importante que se mantenga al pecho el tiempo suficiente para vaciarlo e ingerir la última leche. Algunos bebés necesitan hasta 30 minutos para hacerlo. Apretando suavemente su pezón entre el índice y el pulgar podrá comprobar si aún queda leche en el pecho

- **Jamás debe permitir a su bebé chupar un pecho vacío, pues solo conseguirá experimentar un intenso dolor en los pezones.**

El paso del pecho materno al biberón

Independientemente de cuánto tiempo haya amamantado a su bebé, el momento de la transición hacia el biberón es muy importante. Cuando decida durante cuánto tiempo quiere dar el pecho a su bebé, debe tener en cuenta que una vez establecida una buena producción de leche deberá tomarse una semana aproximadamente para disminuir cada toma. Por ejemplo, puede tardar seis semanas en establecer una buena producción de leche y, si decide abandonar la lactancia, deberá dejar pasar al menos cinco semanas más para suprimir todas las tomas y pasar al biberón. Esta información es muy importante para las madres que proyectan volver al trabajo. Si decide abandonar la lactancia antes de haber conseguido una buena producción de leche, aún deberá contar con cierto tiempo para que su bebé se acostumbre a los biberones. Algunos bebés se disgustan mucho si súbitamente pierden el placer y la seguridad que obtienen del pecho materno.

Para una madre que ha amamantado al bebé durante menos de un mes generalmente aconsejo tres o cuatro días hasta abandonar la lactancia. Para la que ha superado el mes, es aconsejable dejar pasar entre cinco y siete días antes de suprimir las tomas. Suponiendo que el bebé ya tome un biberón a las 10 p. m., la siguiente toma de pecho que se debería eliminar sería la de las 11 a. m. La mejor forma de hacerlo es reducir gradualmente en cinco minutos el tiempo que el bebé está al pecho y darle un suplemento de leche maternizada. Cuando el bebé tome todo el biberón se puede suprimir el pecho. Si se organiza cuidadosamente el paso del pecho al biberón, el bebé tendrá tiempo para adaptarse y usted eludirá el riesgo de padecer mastitis —lo que ocurre cuando los conductos lácteos se bloquean—, que suele suceder con frecuencia entre las madres que suprimen súbitamente un toma.

Le sugiero que continúe sacándose la leche a las 10 p. m. durante el proceso del destete. La cantidad de leche extraída le indicará la velocidad con que disminuye su producción de leche. Algunas madres descubren que en cuanto dan dos veces por día el pecho al niño la leche disminuye muy rápidamente. Los signos que se deben tener en cuenta son: que su bebé esté irritado o inquieto después de una toma o que quiera comer mucho antes de lo normal. En ambos casos debería darse de inmediato una cantidad adicional de 30-60 ml de leche extraída o maternizada después del pecho. De este modo no se alterará su ritmo de sueño debido al hambre.

El siguiente gráfico es una guía que le ayudará a conocer qué tomas deberá eliminar en primer lugar. Cada etapa representa el periodo de tiempo entre las tomas que elimina, ya sea de tres a cuatro días o de cinco a siete días, según el tiempo que haya estado amamantando a su bebé.

Hora de las tomas	7 a. m.	11 a. m.	2.30 p. m.	6.30 p. m.	10.30 p. m.
Primera etapa	Pecho	Biberón	Pecho	Pecho	Extraer leche*
Segunda etapa	Pecho	Biberón	Biberón	Pecho	Extraer leche
Tercera etapa	Pecho	Biberón	Biberón	Biberón	Extraer leche
Cuarta etapa	Pecho	Biberón	Biberón	Biberón	
Quinta etapa	Biberón	Biberón	Biberón	Biberón	

* Recomiendo a las madres que continúen sacándose la leche en la toma de las 10.30 p. m. hasta que el bebé tenga tres o cuatro meses. De este modo se mantiene una buena producción de leche y se puede observar cuánta leche se está produciendo. Creo que una madre normalmente producirá durante la noche apenas el doble de lo que se ha extraído. Al llegar a la tercera etapa del proceso de destete se debería reducir gradualmente la extracción de la leche de las 10.30 p. m., a razón de tres minutos por noche. Una vez que solo saque 60 ml y duerma tranquilamente toda la noche se puede suprimir la extracción de leche. Cuando se ha eliminado la última toma de pecho no se debe estimular los pechos. Tomar un baño caliente con el agua cubriendo los pechos ayuda a eliminar cualquier cantidad de leche sin necesidad de estimular los pechos para que no vuelvan a producir más leche.

Respuestas a sus preguntas

P.: Tengo pechos muy pequeños y me preocupa no producir suficiente leche para satisfacer las necesidades de mi bebé.
R.:
- El tamaño de los senos es totalmente irrelevante para la producción de leche. Cada pecho, independientemente de su forma o tamaño, tiene entre 15 y 20 conductos, cada uno de los cuales dispone de su propio grupo de células productoras de leche. La leche es producida dentro de esas células y es empujada hacia el exterior gracias a la succión del bebé.
- Durante los primeros días ponga frecuentemente al pecho al bebé. Casi todos necesitan un mínimo de ocho tomas diarias para estimular los pechos y obtener una buena producción de leche.
- Cerciórese de que su bebé vacía completamente el primer pecho antes de ofrecer el segundo. Es la señal necesaria para que los pechos produzcan más leche y también asegura que el bebé ingiere la última parte de la leche que es rica en grasas.

P.: Mi amiga lo pasó muy mal con la subida de la leche. ¿Hay algo que pueda hacer para paliar el dolor?
R.:
- Coloque a su bebé al pecho a menudo y no lo deje dormir más de tres horas durante las tomas diarias o cuatro o cinco durante las tomas nocturnas.
- Un baño caliente o colocarse paños de franela húmedos y calientes sobre los pechos antes de una toma ayudarán la salida de la leche. Si fuera necesario, extraiga una pequeña cantidad de leche a mano para facilitar que el bebé se agarre al pecho.
- Los paños húmedos enfriados en la nevera y colocados sobre los pechos después de una toma contraerán los vasos sanguíneos disminuyendo la hinchazón.

- Enfríe las hojas que están detrás de las hojas exteriores de una col en la nevera y colóquelas sobre sus pechos en el interior de su sujetador entre las tomas.
- Utilice un sujetador especial para la lactancia que sujete bien sus pechos; no debe estar muy ajustado bajo los brazos ni debe aplastar sus pezones.

P.: Muchas de mis amigas han tenido que abandonar la lactancia porque les resultaba muy doloroso.
R.:

- La razón principal por la que las mujeres experimentan dolor en los primeros días se debe a que no colocan correctamente al bebé. El niño termina por chupar el extremo del pezón causando dolor a la madre y produciendo grietas que a veces incluso sangran; el bebé, además, se queda con hambre y surge la necesidad de alimentarlo muy pronto otra vez, ofreciéndole una nueva oportunidad para dañar los pezones.
- Debe sostener a su bebé de modo que su barriga esté junto a la suya y que su boca esté lo suficientemente abierta como para abarcar el pezón y gran parte de la areola. Además de asegurarse de que está bien situado, es importante que usted esté cómodamente sentada. La silla ideal debe tener un respaldo recto, preferiblemente con apoyabrazos para poder utilizar un cojín para apoyar el brazo, con el que sostiene al bebé. Si no apoya el brazo será más difícil sostener correctamente al bebé, y esto a su vez causará que él tire del pecho lo que le resultará doloroso.

P.: Tengo un bebé de tres semanas y estoy un poco confundida por tantos consejos. Algunas personas dicen que hay que ofrecerle los dos pechos en cada toma, otros afirman que con uno es suficiente.
R.:

- Déjese guiar por su bebé. Si con un pecho se queda satisfecho y duerme tres o cuatro horas entre las tomas y aumenta entre 180 y 225 g cada semana, es obvio que con un pecho le basta.

• Si pide comida después de dos horas o se despierta más de una vez por noche, sería aconsejable ofrecerle el segundo pecho. Acaso descubra que solo necesita el segundo pecho a última hora del día cuando la producción de leche está en su punto mínimo.

• Independientemente de que el bebé tome de uno o de los dos pechos en cada toma, cerciórese de que el primer pecho está vacío antes de pasarlo al segundo. Esto se puede verificar apretando suavemente la zona que rodea el pezón entre el índice y el pulgar.

P.: ¿Necesito evitar ciertos alimentos mientras estoy amamantando?
R.:

• Debe continuar con la misma dieta variada y sana que siguió durante el embarazo, y además debe incluir tentempiés nutritivos entre las comidas para que su energía se mantenga en un nivel alto.

• Asegúrese de ingerir al menos 170 g de ave, carne magra o pescado. Los vegetarianos deberían tomar el equivalente en legumbres, vainas y arroz, etc. He observado que en los días que algunas de las madres a las que he asistido no tomaban suficientes proteínas, los bebés estaban más inquietos.

• Ciertas investigaciones señalan los productos lácteos como la causa de cólicos en algunos bebés. Si su bebé tiene este problema, puede supervisar su ingesta diaria de lácteos con su pediatra.

• El alcohol, los edulcorantes artificiales y la cafeína se deben evitar. Recuerde que esta última no solo se encuentra en el café, sino también en el té, en las gaseosas y en el chocolate. He descubierto que todos estos productos pueden afectar a la mayoría de los bebés.

• Las fresas, los tomates, los champiñones, las cebollas y el zumo de fruta pueden irritar a los bebés si se toman en grandes cantidades. Aunque no sugiero que se retiren de la dieta, aconsejo observar cualquier alimento o bebida que haya consumido entre 12 y 16 horas antes de que su bebé tenga dolor de barriga, fermentaciones intestinales, gases o crisis de llanto.

• Cuando trabajé en el Oriente Medio y en el Lejano Oriente, observé que las madre que amamantaban a sus bebés seguían una dieta mucho más suave y omitían los alimentos muy condimentados. Quizá sería provechoso evitar los *curries* los primeros días.

• Aunque es aconsejable evitar el alcohol, en especial los licores, algunos expertos señalan que un pequeño vaso de vino o una Guinness pueden ser provechosos para una madre a quien le resulta difícil relajarse por la noche.

P.: Mi bebé de dos semanas se despierta gritando para comer y se queda dormido cinco minutos después de haberlo puesto al pecho. Luego vuelve a pedir de comer dos horas más tarde y yo estoy exhausta.
R.:

• Su bebé debe estar bien despierto antes de alimentarlo. Quítele las mantas en la cuna, déjele las piernas al aire para que el aire fresco llegue a la piel y deje que se despierte lentamente.

• Es muy importante que los bebés dormilones estén frescos cuando maman. Jamás deben estar muy abrigados y la habitación no debe estar muy caldeada. Coloque una colchoneta de juegos sobre el suelo cerca de usted, y cuando se quede dormido colóquelo en la colchoneta. Si fuera necesario, desvístalo pues esto lo estimulará para que se estire y patalee un rato. Tras unos minutos probablemente protestará, entonces recójalo y sígale dando el mismo pecho. A veces hay que repetir este procedimiento dos o tres veces. Cuando haya mamado 20 minutos del primer pecho, ayúdelo a eructar y cámbiele el pañal. Entonces puede ofrecerle el mismo pecho si aún no lo ha vaciado, o de lo contrario el segundo.

• Si no utiliza leche maternizada en la toma de las 10.30 p. m., es una buena idea extraerse un poco de leche por la mañana temprano y que su pareja alimente al bebé en la toma de las 10-11 p. m. De este modo conseguirá dormir algunas horas sin interrupción.

La alimentación con biberón

Muchas madres creen que si alimentan a sus bebés con biberón será más fácil que se adapten a las actividades diarias. La realidad es que la alimentación por biberón no garantiza que un bebé sea feliz y esté satisfecho. Un bebé que se alimenta con leche maternizada necesita la misma ayuda que uno que se alimenta con el pecho materno para adaptarse a los programas de actividades. He observado que me piden consejo la misma cantidad de madres que alimentan a sus bebés con biberón y de madres que amamantan a sus hijos. Despertarse varias veces por noche es agotador, independientemente de cómo se alimente al bebé. A menudo se afirma que el hecho de que el biberón lo pueda dar otra persona representa una gran ventaja, sin embargo para la madre que da el pecho esto solo es posible cuando se extrae leche por las mañanas. La única ventaja real del biberón es que no es preciso preocuparse por lo que se come o lo que se bebe.

Si ha decidido alimentar a su bebé con biberón, deberá aplicar los mismos programas de actividades que las madres que dan el pecho. La única diferencia es que acaso descubra que su bebé duerme más de tres horas después de la toma de las 7 a. m., el resto es exactamente igual. En los ejemplos en los que se divide una toma, por ejemplo un pecho antes del baño y el otro después, se aplica el mismo modelo cuando se trata del biberón. Concretamente, a la hora del baño suelo aconsejar que se ofrezcan dos pequeñas tomas separadas.

Cuanto y con qué frecuencia

Las autoridades sanitarias aconsejan que un bebé menor de cuatro meses necesita unos 70 ml de leche por cada 450 g de peso; un bebé que pese 3,200 kg necesita aproximadamente 510 ml diarios. Esa cantidad se debe dividir en seis tomas diarias. Esto es solo una guía; los bebés más hambrientos acaso necesiten unos 30 g más en algunas tomas. Si ese es el caso de su bebé, organice las tomas de manera que ingiera las más importantes a la hora correcta, por ejemplo a las 7 a. m., 10.30 a. m. y 10.30 p. m. Si lo deja tomar el hábito de ingerir las tomas más importantes a mitad de la noche, la consecuencia será que no tenga tanta hambre al despertarse por la mañana. Así se crea un círculo vicioso en el que debe alimentarse por la noche porque no come lo suficiente durante el día.

Lo mismo se aplica a la lactancia materna: el niño debe tomar la mayor parte de la leche diaria entre las 7 a. m. y las 11 p. m. para estar segura de que solo necesitará una pequeña toma a mitad de la noche.

El gráfico que va a continuación es un ejemplo del modelo de alimentación de uno de mis bebés durante su primer mes de vida. Pesó al nacer 3,100 kg y ganó entre 180 y 225 g semanales hasta llegar a 4 kilos cuando tenía un mes. Al organizar su alimentación (las tomas más importantes en los horarios correctos) estaba en camino de abandonar la toma de la noche y a las seis semanas dormía hasta las 6.30 a. m.

Horas	7 a. m.	10-10.30 a. m.	2-2.30 a. m.	5 p. m.	6.15 p. m.	10-11 p. m.	2-3 p. m.	Totales
1.ª sem.	90 ml	90 ml	90 ml	60 ml	60 ml	90 ml	90 ml	570 ml
2.ª sem.	90 ml	120 ml	90 ml	90 ml	60 m	120 ml	60 ml	660 ml
3.ª sem.	120 ml	120 ml	90 ml	90 ml	90 ml	120 ml	90 ml	720 ml
4.ª sem.	150 ml	120 ml	120 ml	90 ml	90 ml	150 ml	60 ml	780 ml

Nota: estas cantidades diarias de leche se calcularon según las necesidades particulares de ese bebé. Recuerde adaptar las cantidades de leche a las necesidades de su propio bebé, pero respetando los horarios del gráfico. Durante los periodos de crecimiento las primeras tomas que se deben aumentar son las de las 7 a. m., 10.30 a. m. y 10-11 p. m.

Inaugurando la alimentación con biberón

Cuando nazca su bebé, en el hospital le darán leche maternizada ya preparada. Le permitirán elegir entre dos marcas diferentes; ambas están aprobadas por las autoridades sanitarias y existe muy poca diferencia en su composición. Los biberones de leche maternizada se comercializan con tetillas esterilizadas que se utilizan solamente una vez. A menos que el recipiente de cristal se haya guardado en la nevera no es preciso calentarlo; se le puede dar al bebé a la temperatura de la habitación. Sin embargo, si por alguna razón decide calentar la leche maternizada, debe hacerlo con un calentador eléctrico de biberones o al baño María.

Nunca caliente leche maternizada en un horno microondas porque el calor puede no distribuirse uniformemente y podría quemar la boca de su bebé. Compruebe siempre la temperatura antes de darle el biberón al bebé. Puede hacerlo vertiendo algunas gotas en la parte interna de su muñeca; debería estar tibia. Una vez que se haya calentado la leche jamás se debe volver a calentar, pues se aumentaría rápidamente los niveles de bacterias, que es una de las principales causas de malestar estomacal en los bebés alimentados con biberón.

El consejo que se da en el hospital para los bebés que toman leche maternizada se parecen mucho a los que se dan en el caso de lactancia materna: «Alimente al bebé siempre que lo pida y ofreciéndole la cantidad que el desea». No tendrá el problema de tener que procurar un suplemento adicional de leche como ocurre en la lactancia materna, pero surgirán otros inconvenientes. Un bebé alimentado con biberón y que pesaba al nacer 3,100 kg al nacer puede ir directamente al programa de actividades de la segunda a cuarta semana. Un bebé más pequeño no aguantará tanto entre las tomas y seguramente se alimentará cada tres horas.

La leche maternizada ya preparada es muy cara para usarla constantemente; los padres suelen usarla cuando salen de casa o en emergencias. Antes de abandonar el hospital, pida a alguien que le compre al menos dos latas grandes de leche maternizada en polvo de la misma marca que la leche preparada que le han dado al bebé en el hospital.

De regreso a casa, usted se acostumbrará a preparar por anticipado las tomas necesarias para las próximas 24 horas. Al preparar la leche, elija un momento tranquilo del día cuando no esté muy agotada y siga las instrucciones al pie de la letra. Se debe descartar todas las tomas que han sobrado del día anterior. Y tampoco se deben guardar las tomas inacabadas. Después de calentar un biberón, debe utilizarse durante la hora siguiente y luego tirar el contenido. Si fuera necesario, caliente un nuevo biberón. Es aconsejable que durante los primeros días guarde un biberón con agua hirviendo en la nevera para utilizarlo en una emergencia.

Higiene y esterilización

Se debe prestar la mayor atención a la higiene: la esterilización de todos los artículos necesarios para la alimentación del bebé y la preparación y el almacenado de la leche maternizada.

Las zonas donde esteriliza y prepara los biberones se debe mantener totalmente limpia. Cada mañana se debe lavar concienzudamente con agua jabonosa caliente la superficie donde se trabaja, el paño utilizado se debe aclarar bien con agua caliente del grifo y repasar la superficie para eliminar cualquier rastro de jabón. A continuación se repasará con papel de cocina y un producto antiséptico.

Las indicaciones que se exponen a continuación, si se aplican al pie de la letra, reducirán el riesgo de los gérmenes, que son a menudo la causa de los problemas estomacales de los bebés más pequeños.

- Se debe lavar diariamente y en profundidad las superficies utilizadas como ya se ha descrito.
- Después de cada toma se debe aclarar la tetilla y el biberón con agua fría y colocar en un cuenco para lavarlos y esterilizarlos.

- Acostúmbrese a esterilizar y preparar las tomas a la misma hora cada día. Elija una hora en la que no se encuentre muy cansada y sea capaz de concentrarse. La mayoría de las madres que atiendo estiman que a las 12 del mediodía, mientras el bebé duerme, es una buena hora.
- Se debe lavar siempre cuidadosamente las manos con un jabón antibacterias y con agua tibia, secarlas luego con papel de cocina y nunca con un paño de cocina que está plagado de gérmenes.
- Se debe destinar una tetera especial para hervir el agua del bebé; esto evita que se hierva accidentalmente el agua por segunda vez si alguien quiere tomar una taza de té.
- Cada día vacíe y lave la tetera. Deje correr el agua del grifo durante un par de minutos antes de llenar la tetera.
- Haga hervir el agua primero para que se enfríe mientras usted lava y esteriliza los biberones.
- Descarte las tomas que han estado en la nevera durante más de 24 horas.
- Llene el cuenco donde se guardan los biberones sucios con agua jabonosa caliente. Utilice un cepillo especial para biberones para limpiar bien los recipientes de cristal, los rebordes, las tapas y las tetillas por dentro y por fuera. Preste especial atención a los cuellos de los biberones. Aclare el material con agua caliente. Lave y aclare el cuenco y luego coloque todo el equipo que está en el cuenco bajo el agua caliente del grifo. Si todo esté perfectamente lavado, el agua correrá clara.
- Se debe aclarar cada día el esterilizador y comprobar si las partes extraíbles están limpias, luego se debe colocar los biberones y las tetillas en el esterilizador según las instrucciones del fabricante.
- Cuando el agua de la tetera se ha enfriado y los biberones se han esterilizado, siga las instrucciones y prepare las tomas para las siguientes 24 horas. Los primeros días prepare también un biberón de agua hervida para emergencias. Una vez preparada, la leche maternizada se debe guardar de inmediato en la nevera.

La toma

Prepare todo con anticipación: la silla, los cojines, los baberos y la gasa. Igual que para dar el pecho, es importante que se siente cómodamente en una silla similar; aconsejo a las madres que en los primeros días apoyen el brazo con el que sostienen al bebé sobre una almohada que les permita

Posición del bebé mientras se alimenta con biberón

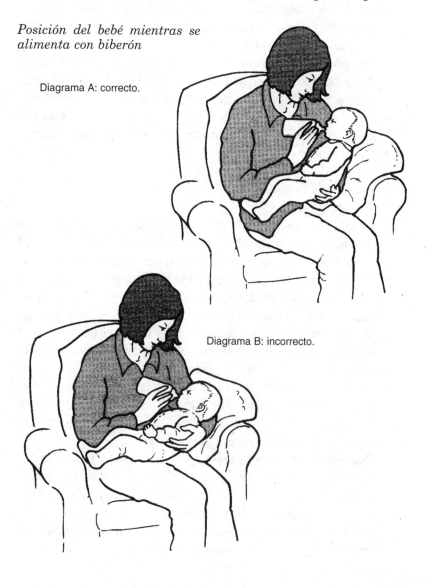

Diagrama A: correcto.

Diagrama B: incorrecto.

mantener al bebé ligeramente inclinado pero con su espalda recta. Sosteniendo al bebé como se indica en el diagrama A, reducirá la acumulación de gases, que es lo que sucederá si lo alimenta como se indica en el diagrama B.

Antes de iniciar la toma, afloje y vuelva a apretar la tetilla, que debe quedar ligeramente suelta, pues de lo contrario no entraría aire en el biberón y el bebé chuparía la tetilla sin sacar leche.

Compruebe también que la leche no está muy caliente, sino ligeramente tibia. Si el bebé se acostumbra a la leche caliente, con el paso de los días en cuanto se enfríe se negará a tomarla. Como es peligroso recalentar la leche o mantenerla al baño María mucho tiempo, terminará por tener que calentar dos biberones para cada toma.

Al alimentar a su bebé, el biberón debe estar inclinado de tal modo que la tetilla siempre esté llena de leche y así se evita que el bebé trague aire. Deje que su bebé tome todo lo que quiera antes de hacerlo eructar. Si se anticipa a su necesidad, se enfadará.

Algunos bebés ingieren casi toda la toma, eructan y luego quieren un pequeño descanso de 10 ó 15 minutos antes de terminar la toma. Si se le concede ese descanso los primeros días, tardará unos 40 minutos en terminar su biberón. Cuando tenga entre seis y ocho semanas, solo tardará unos 20 minutos.

Si usted cree que el bebé tarda mucho en alimentarse o se duerme a mitad de la toma, quizá el orificio de la tetilla sea demasiado pequeño. He descubierto que muchos de mis bebés comienzan directamente con una tetilla de flujo medio porque la de flujo lento resulta demasiado lenta.

Para alimentar con biberón a su bebé satisfactoriamente siga las indicaciones que exponemos a continuación:

- Antes de iniciar la toma, compruebe que el anillo que sujeta la tetilla al biberón no está muy ajustado, a fin de que no restrinja el flujo de leche.
- Compruebe la temperatura de la leche, que debe ser tibia y no caliente.

- Para evitar los problemas de gases, muy comunes entre los bebés que toman leche maternizada, siéntese cómodamente y sostenga a su bebé en la posición correcta.
- Algunos bebés muy pequeños necesitan descansar en mitad de la toma. Permita a su bebé tardar un máximo de 40 minutos para completar la toma.
- Si tiene que despertar siempre a su bebé para la toma de las 7 a. m. y nunca tiene hambre, elimine unos 30 g de la toma de la mitad de la noche.
- Durante las etapas de crecimiento siga las instrucciones de la siguiente sección para evitar recortar o incluso eliminar las tomas que se deben respetar.

Organización de las tomas durante el primer año

El gráfico de las tomas de la página 109 se ha organizado para adaptarse a los ritmos naturales de sueño del bebé. Tiene en cuenta que las primeras semanas, independientemente de que el bebé se alimente con el pecho materno o con biberón, no todos soportan un ritmo de alimentación estricto cada cuatro horas. A las dos semanas, si su bebé ha recuperado el peso que tuvo al nacer, debería poder aguantar de tres a cuatro horas entre las tomas. Si usted aplica mis programas de actividades desde el nacimiento, descubrirá que entre la segunda y la cuarta semana la mayoría de los bebés son capaces de dormir más después de una toma. Si usted organiza las tomas, esto sucederá de forma automática a la hora correcta, es decir, entre las 11 p. m. y las 7 a. m.

Si su bebé no se alimenta en los horarios indicados en el gráfico, le aconsejo guiarlo hacia los horarios adecuados para su edad. Esto se logra fácilmente comenzando siempre de día a las 7 a. m., si tener en cuenta el ritmo de la noche anterior. No espere que su bebé duerma de un día para el otro toda la noche desde las 11 p. m. hasta las 7 a. m. La mayoría de los bebés duermen toda la noche al aumentar gradualmente el tiempo de sueño después de cada toma durante un periodo de varias semanas.

El siguiente resumen pertenece a la agenda diaria de una madre con un bebé de cinco semanas que come cada cuatro horas. Demuestra que, incluso cuando se aplican un programa de actividades estricto cada cuatro horas, las cosas pueden funcionar mal si no se organizan las tomas correctamente una vez que el bebé empieza a dormir más por la noche.

Martes	3 a. m.	7 a. m.	11 a. m.	3 p. m.	7 p. m.	11 p. m.
Miércoles	3 a. m.	7 a. m.	11 a. m.	3 p. m.	7 p. m.	11 p. m.
Jueves	4 a. m.	8 a. m.	12 p. m.	4 p. m.	8 p. m.	12 p. m.
Viernes	5 a. m.	9 a. m.	1 p. m.	5 p. m.	9 p. m.	11 p. m.
Sábado	2 a. m.	6 a. m.	10 a. m.	2 p. m.	6 p. m.	10 p. m.
Domingo	2 a. m.	6 a. m.	10 a. m.	2 p. m.	6 p. m.	10 p. m.

Consciente de que el ritmo de la alimentación del bebé se estaba desbaratando, la madre intentó reorganizarlo la noche del viernes despertando al bebé a las 11 p. m. Esto no fue efectivo porque el bebé había hecho una toma completa a las 9 p. m. y no tenía hambre y comió tan poco que volvió a despertarse a las 2 a. m. para una toma completa. Lo que supuso un retroceso total de la alimentación nocturna. Pero aunque la madre hubiera calmado al bebé a las 9 p. m. con una toma pequeña es bastante improbable que el bebé hubiera comido mejor. El bebé solo había dormido una hora y hubiera resultado difícil que se despertara lo suficiente como para comer bien.

Como ya he mencionado, la forma más fácil de mantener el ritmo de alimentación del bebé es despertarlo a las 7 a. m. Una vez que duerma hasta las 5 ó 6 a. m., se debería ofrecerle una toma adicional a las 7 ó 7.30 a. m. Este método ayudará a mantener el ritmo de las tomas y también el del sueño, y el niño estará listo para irse a dormir a las 7 p. m. El siguiente consejo logrará también que su bebé duerma toda la noche en cuanto sea físicamente capaz de hacerlo y lo preparará para la introducción de alimentos sólidos y la reducción de las tomas de leche.

La toma de las 6-7 de la mañana

Según la hora en que haya comido por la noche, su bebé se despertará probablemente entre las 6 y las 7 a. m., aunque siempre se lo debería despertar a las 7 a. m. Si ha hecho una toma completa a las 6 a. m. o incluso antes, necesitará un suplemento a las 7.30 a. m. para mantener organizados sus ritmos de sueño y alimentación. Una vez que duerma toda la noche, en esta toma estará más hambriento que nunca. En las etapas de crecimiento, los bebés que toman el pecho deben permanecer más tiempo con el segundo pecho. Si usted se extrae la leche a las 6.45 a. m., reduzca la extracción en unos 30 ml. Los bebés que toman el biberón deben tomar unos 30 ml cuando vacíen regularmente el biberón.

A los siete meses

Si su bebé toma un desayuno completo de cereales, frutas y quizá algunos trozos pequeños de pan tostado debería disminuir la cantidad de leche del biberón. Intente dividir su toma de 225 ml, de modo que la mitad la tome con el cereal y el resto como bebida. En esta comida ofrézcale primero la leche para que la beba. Si aún toma el pecho, ofrézcale uno, luego los sólidos y finalmente el otro pecho. Su bebé aún necesita un mínimo de 600 ml diarios de leche, incluyendo la utilizada para cocinar o la que se mezcla con los cereales, dividida entre tres o cuatro tomas.

De los siete a los diez meses

Introduzca una taza de leche en el desayuno cuando su bebé se alegre de tomar 120-150 ml de la taza.

A los diez meses

Intente estimular a su bebé para que tome toda la leche de una taza y siga ofreciéndole leche al inicio de esta comida. Una vez que ha tomado unos 50 ml de leche, ofrézcale cereales. Luego nuevamente leche, pues es importante que tome al menos 180-210 ml de leche dividida entre la taza y los cereales.

Su bebé necesita un mínimo de 500 ml, incluida la leche usada para cocinar o con los cereales, dividida entre dos o tres tomas.

La toma de las 10 o 11 de la mañana

Una vez que su bebé duerma toda la noche o solo se despierte una vez, debería hacer la comida más importante del día a las 7 a. m. (como ya he mencionado). Si se alimenta bien, debería estar contento y saciado hasta las 11 a. m. Sin embargo, si lo alimenta antes de que lo necesite, no comerá bien, y como resultado tampoco dormirá bien tras esa toma. Puede ocurrir que las siguientes tomas y siestas deban anticiparse y, como consecuencia, el bebé se despierte a las 6 a. m. o incluso antes a la mañana siguiente.

Esta es la siguiente toma que deberá aumentarse en los periodos de crecimiento.

De los cinco a los seis meses

Cuando su bebé comienza a comer algún cereal en el desayuno, puede intentar retrasar esta toma hasta el mediodía y así organizará un nuevo modelo de tres comidas diarias. En tanto aumente gradualmente los sólidos esta toma se reducirá.

De los seis a los siete meses

Cuando su bebé tenga una dieta equilibrada que incluye proteínas a la hora de comer, esta toma se reemplazará con un poco de agua o zumo muy diluido bebido de la taza. Ofrézcale los sólidos antes de la leche para que no se sacie con líquido.

La leche combinada con una proteína de carne puede reducir la absorción del hierro hasta un 50 por 100.

La toma de las 2.30 p. m.

Recomiendo que se reduzca esta toma a fin de que el bebé coma bien a las 6-7 p. m. Si por alguna razón el bebé no se alimentó bien en la toma anterior, debería aumentar esta toma con la cantidad que corresponda para mantener su cuota diaria de leche.

Si su bebé tiene mucha hambre y suele vaciar el biberón en esta toma, puede darle todo el biberón, pero siempre que no tome menos cantidad a las 6-7 p. m. Los bebés que toman el pecho deben permanecer más tiempo en el segundo pecho si no aguantan hasta la 6-7 p. m.

De los seis a los siete meses

Cuando su bebé haga tres comidas completas al día y su toma de leche del mediodía se haya reemplazado por agua o zumo diluido, probablemente deberá aumentar esta toma para satisfacer su cuota diaria en tres tomas. Aún necesita un mínimo de 600 ml diarios, incluida la leche mezclada con el cereal del desayuno.

De los nueve a los diez meses

Si el bebé pierde interés por la toma de la mañana o de la noche, cancélela de inmediato. Si ingiere 540 ml de leche al día (incluida la leche usada para cocinar y la que se mezcla con los cereales) además de una dieta equilibrada de sólidos, debería suprimir esta toma.

La toma de las 6-7 p. m.

Es importante que su bebé se alimente bien en este horario si desea que esté calmado entre las 7 y las 11 p. m. No debería tomar leche antes de la 3.15 p. m. ya que podría desordenarse al tomar mucho alimento en este horario. Aconsejo que en las primeras semanas esta toma se divida entre las 5 y las 6 p. m. para que el bebé no esté demasiado desesperado durante el baño. Los bebés que tomen el pecho y que estén inquietos a las 7 p. m. deberían tomar un suplemento de leche extraída.

De los cuatro a los cinco meses

Muchos bebés abandonan su última toma en este etapa de modo que esta se convertiría en la última del día. Debería asegurarse de que la cantidad es adecuada. Un bebé que toma sólidos debería aún beber la mayor parte de la leche antes de los otros alimentos porque a esta edad la leche es todavía la forma más importante de nutrición. La mayoría de los bebés deben tomar al menos entre 210 y 240 ml de leche maternizada a esta edad. Y un niño amamantado por su madre necesita succionar los dos pechos.

Si él omite esta toma o durante ella se distrae jugando, interumpa la toma de las 2.30 p. m.

De los seis a los siete meses

Los bebés de esta edad deben tomar una merienda a las 5 p. m. seguida de un biberón de 210-240 ml o de una toma de ambos pechos a las 6.30 p. m. Si el bebé come menos en este horario y se despierta más temprano por la mañana, vuelva a darle primero la leche y luego los sólidos a las 6 p. m. Continúe así un par de semanas antes de intentar con los sólidos otra vez a las 5 p. m.

De los diez a los doce meses

Anime a su bebé para que tome parte de la leche de una taza y así alrededor del año disfrutará tomando de la taza toda su última toma.

La toma de las 10-11 p. m.

Si siempre aumenta las tomas diurnas en los periodos de crecimiento, es improbable que tome más de 180 ml en esta toma. Las madres que amamantan a sus bebés deben conseguir que vacíen ambos pechos. Un bebé menor de tres meses que solo toma el pecho y que se despierta ates de las 3 a. m. acaso necesite un suplemento de leche extraída o maternizada.

De los tres a los cuatro meses

La mayoría de los bebés que toman biberón a esta edad toman 210-240 ml de leche cuatro veces al día y solo desearán 120-180 ml a esta hora. Si su bebé solo toma el pecho y aún se despierta por la noche a pesar del suplemento de leche, en la última toma quizá sea aconsejable reemplazar la última toma por un biberón. Algunos bebés rechazan esta toma a los tres o cuatro meses. Si su bebé ingiere 600 ml diarios, puede usted eliminar esta toma. Si, en cambio, aún come a las 11 p. m. y ha dormido toda la noche hasta las 7 a. m. durante al menos dos semanas, le recomiendo adelantar en 10 minutos cada tres noches esta toma hasta que su bebé duerma de 10 p. m. a 7 a. m.

De los cuatro a los cinco meses

Cuando le haya dado regularmente de comer arroz a su bebé a las 6 p. m., debería eliminar gradualmente esta última toma. De lo contrario no se alimentará bien por la mañana.

Para los bebés que toman biberón, reduzca 30 ml cada tres noches. Para los bebés que toman solo pecho reduzca el tiempo de la toma en dos minutos para cada lado. Si su bebé continúa durmiendo toda la noche durante tres noches seguidas con un biberón de 60 ml o tres minutos para cada pecho, podrá eliminar esta toma sin que se despierte durante la noche.

La toma de las 2-3 a. m.

Los recién nacidos necesitan comer poco y a menudo y las primeras semanas suelen despertarse entre las 2 y las 3 a. m. No se les debería permitir pasar más de tres o cuatro horas entre las tomas diurnas y más de cuatro o cinco horas durante la noche. Una vez que haya recuperado el peso que tuvo al nacer y que gane regularmente entre 170 y 230 g semanales, puede usted esperar a que se despierte solo por la noche.

De cuatro a seis semanas

La mayoría de los bebés que pesan más de tres kilos al nacer y ganan entre 180 y 220 gramos semanales son capaces de dormir más durante las tomas nocturnas, siempre que:

a) El bebé pese más de cuatro kilos y tome la cantidad correspondiente de leche diaria en cinco tomas repartidas entre las 7 y las 11 p. m.

b) Que no duerma más de cuatro horas entre las 7 a. m. y las 7 p. m.

De seis a ocho semanas

Si su bebé pesa más de cuatro kilos y aumenta 180-220 gramos semanales pero aún se despierta entre las 2 y las 3 a. m., le recomiendo que lo calme dándole un poco de agua. Probablemente se despierte otra vez sobre las 5 a. m., momento en el cual le dará usted una toma completa y a las 7-7.30 a. m. le ofrecerá un suplemento. Así logrará mantener su ritmo de sueño y alimentación por el resto del día. En una semana normalmente los bebés duermen hasta las 4.30-5 a. m., aumentando gradualmente el tiempo de dormir hasta las 7 a. m.

De ocho a diez semanas

Si su bebé se alimenta con biberón, pesa más de cinco kilos y aumenta entre 180 y 220 g a la semana, pero insiste en despertarse antes de la 5 a. m., le sugiero que espere 15 minutos antes de ir a verlo. A esta edad los bebés suelen despertarse por costumbre y no por hambre. Y si se los deja solos, vuelven a dormirse. Si tras tres o cuatro días no se calma, resultará más fácil alimentarlo, aunque deberá volver a probar un par de semanas más tarde.

Un bebé que se alimenta con leche materna puede realmente necesitar una toma nocturna hasta los cuatro meses. Sin embargo, si lo alimenta por la noche y empieza a rechazar la toma de las 7 a. m., puede usted deducir que él mismo está suprimiendo una toma. Por lo tanto, lo mejor es hacer lo mismo que con un bebé que toma el biberón y comprobar si se calma solo; en caso contrario quizá descubra que el bebé elimina la toma de las 7 a. m. en vez de la nocturna.

De los tres a los cuatro meses

Tanto los bebés que toman biberón como los que toman el pecho deberían dormir largamente durante la noche. Si su bebé insiste en despertarse y no se calma sin que le dé de comer, yo intentaría el método que sugiere Richard Ferber. Si diluye gradualmente la toma nocturna con agua agregando un poco más cada dos o tres noches, su bebé aumentará su ingesta diurna de leche. Así se reduce la necesidad real de tomar leche por la noche. A esta edad los bebés necesitan unos 900 ml diarios entre las 7 a. m. y las 11 p. m. para dormir toda la noche. Si su bebé pesa más de seis kilos y bebe en exceso, acaso necesite que lo destete tempranamente. Debería consultarlo con su pediatra.

De los cuatro a los cinco meses

Si al llegar a los cinco meses, y una vez destetado su bebé insiste en despertarse por la noche, sería aconsejable considerar la aplicación de algún método para inducir el sueño antes de que se desarrolle un problema más grave a largo plazo.

Gráfico de la alimentación con leche para el primer año

Edad	Horarios						
2-4 sem.	2-3 a. m.	6-7 a. m.	10-10.30 a. m.	2-2.30 p. m.	5 p. m.	6-6.30 p. m.	10-11 p. m.
4-6 sem.	3-4 a. m.	6-7 a. m.	10.30-11 a. m.	2-2.30 p. m.	5 p. m.	6-6.30 p. m.	10-11 p. m.
6-8 sem.	4-5 a. m.	7.30 a. m.	10.45-11 a. m.	2-2.30 p. m.	6-6,30 p. m.	10-11 p. m.	
8-10 sem.	5-6 a. m.	7.30 a. m.	11 a. m.	2-2.30 p. m.	6-6.30 p. m.	10-11 p. m.	
10-12 sem.	7 a. m.		11 a. m.	2-2.30 p. m.	6.-6.30 p. m.	10-11 p. m.	
3-4 meses	7 a. m.		11 a. m.	2-2.30 p. m.	6-6.30 p. m.	10-11 p. m.	
4-5 meses	7 a. m.		11 a. m.	2-2.30 p. m.	6-6.30 p. m.	10-11 p. m.	
5-6 meses	7 a. m.		11.30 a. m.	2-2.30 p. m.	10 p. m.		
6-7 meses	7 a. m.		2-2.30 p. m.	6-6.30 p. m.			
7-8 meses	7 a. m.		2-2.30 p. m.	6-6.30 p. m.			
8-9 meses	7 a. m.		2-2.30 p. m.	6-6.30 p. m.			
9-10 meses	7 a. m.		5 p. m.	6.30-7 p. m.			
10-12 meses	7 a. m.		5 p. m.	6.30-7 p. m.			

5

Programas de actividades para el primer año de vida

Beneficios para su bebé

E XISTEN DOCENAS y docenas de libros que tratan sobre los cuidados del bebé y todos coinciden en un aspecto: durante las primeras semanas es imposible que un bebé se adapte a un programa de actividades. Se explica que si se intenta imponérselo, se podría dañar seriamente al bebé. Como he trabajado con éxito durante muchos años enseñando a los padres cómo organizar las actividades de sus bebés para conseguir que se muestren alegres, dinámicos y satisfechos, presumo que los autores de todos esos libros no han trabajado personalmente con un número suficiente de niños como para saber que esto es posible.

Los padres siempre se sorprenden de la facilidad con que sus bebés se adaptan a mis programas de actividades. Muchos suponen que organizar las tareas del bebé solo es posible dejándolo chillar hasta la hora de la toma o dejándolo llorar hasta que se duerma. Este es a menudo el caso cuando se aplica el antiguo modelo de alimentación cada cuatro horas. Pero nada más lejos de la verdad cuando se trata de mis programas de actividades.

Dichos programas se han creado para responder a las necesidades naturales de sueño y alimentación de todos los bebés sanos y normales. También son flexibles en tanto algunos bebés necesitan dormir más que otros y algunos son capaces de dormir más tiempo entre las comidas que otros. La base de estos programas ha evolucionado con el tiempo gracias a la observación de los bebés que he atendido. Algunos de ellos conseguían un ritmo de alimentación muy rápidamente y no necesitaban demasiados estímulos para hacerlo, mientras que a otros les resultaba difícil alimentarse y calmarse durante varias semanas.

Las principales observaciones de los bebés que se ajustaron rápidamente a un ritmo impuesto fueron:

- Los padres tenía un enfoque positivo y se esforzaron por mantener la calma las primeras dos semanas.
- Se indicó a las visitas que no cogieran al bebé en brazos a fin de que se sintiera relajado y seguro en su nuevo entorno.
- El bebé dormía siempre en su habitación a oscuras.
- Se mantenía despierto al bebé durante un rato después de las tomas diurnas.
- Cuando estaba despierto, sus padres lo estimulaban y jugaba con ellos.
- Siempre se lo bañaba a la misma hora por la noche, luego se le daba de comer y finalmente se lo llevaba a su habitación a oscuras para que durmiera.

Beneficios para usted

Si sigue mis programas de actividades, pronto será capaz de discernir cuándo su bebé llora de hambre, de cansancio o de aburrimiento. El hecho de que usted sea capaz de comprender sus necesidades y satisfacerlas rápida y seguramente, tranquilizarán al bebé y usted tendrá más confianza en sí misma. Se evita así la situación tan habitual en la que el bebé está irritable y la madre tensa.

La otra gran ventaja para los padres que siguen mis programas de actividades es que tienen tiempo libre por la noche para relajarse y disfrutar de su mutua compañía. Esto normalmente no es posible para los padres que alimentan a su bebé por demanda. Estos bebés generalmente están más inquietos entre las 6 y las 10 p. m., y sus padres necesitan mecerlo y tranquilizarlo durante largo rato.

Establecer un programas de actividades

La mayoría de los bebés más pequeños pueden estar despiertos hasta dos horas. Si su bebé permanece más tiempo despierto, estará tan agotado que necesitará dormir más en la próxima siesta. Esto dará como resultado una alteración del programa de actividades, y con toda seguridad dormirá mal por la tarde y por la noche. Por tanto, es esencial que organice usted correctamente los periodos de vigilia de dos horas a fin de que el programa de alimentación y sueño sea efectivo.

Los bebés aprenden por asociación. Es muy importante que desde el primer día aprenda las asociaciones correctas y que distinga entre comer, jugar, dormir y los mimos.

Comer

Los bebés más pequeños pasan la mayor parte del tiempo que están despiertos comiendo. Para evitar que coman demasiado durante la noche es importante organizar e imponer un buen ritmo de alimentación diurno.

Un bebé que toma el pecho necesita al menos tres horas para digerir una toma completa, y un bebé que se alimenta con biberón necesita entre tres horas y media y cuatro horas. Si lo alimenta antes de que realmente lo necesite, es muy probable que solo tome 20 o 40 ml y que en un par de horas necesite comer otra vez. Esto puede conducir a una alimentación por demanda y habrá más posibilidades de que se acumulen gases en el tracto digestivo del bebé. No lo deje llorar excesivamente antes de una toma, porque también puede producirle gases. No lo estimule demasiado ni lo distraiga mientras lo alimenta, puesto que puede perder interés después de tomar 30 ó 40 ml. Evite hablar por teléfono prolongadamente mientras le da de comer. Es importante que se concentre y observe si se alimenta correctamente. Debe darle de comer siempre en una postura en la que su espalda esté recta. No lo acune, porque pensará que es la hora de dormir, y si se muestra somnoliento mientras come, será más probable que vomite.

Jugar

A todos los bebés les encantan que los mimen, les hablen y les canten. Las investigaciones han revelado que incluso a los bebés más pequeños les gusta mirar libros simples y juguetes interesantes. Para que su bebé disfrute de estas cosas es importante que se las ofrezca en el momento indicado. El momento más oportuno suele ser una hora después de que se ha despertado y cuando ya no tiene hambre. Jamás se debería jugar con él o estimularlo demasiado 20 minutos antes de que se duerma.

Los mimos

Los bebés necesitan muchos mimos; pero siempre se le deberían hacer cuando lo necesite él y no usted. Un bebé necesita energía para crecer, y por ello es importante que usted no manipule en exceso su pequeño cuerpo, pues lo agotaría. Todos los bebés necesitan que los alimenten, pero no son juguetes; satisfaga las necesidades del bebé y no las suyas. Diferencie el tipo de mimos que le hace mientras juega con él de los mimos para calmarlo. Estos últimos deberían limitarse a la proximidad de los cuerpos y sin contacto visual. Es importante que no mime a su bebé de la misma forma que cuando quiere que duerma mientras lo está alimentando. Tras una hora de estar despierto y alimentado, el bebé disfrutará de un rato de juegos a solas; si usted constantemente le hace mimos al jugar con él, será menos probable que reaccione a los mimos que normalmente le ayudarían a serenarse para dormir la siesta. Cuando lo mime para que se calme, no le hable y evite el contacto visual, pues puede estimularlo demasiado, y el niño pasado de sueño no conseguirá calmarse.

Dormir

Para el desarrollo físico y mental de su bebé es esencial que duerma lo suficiente, pues de lo contrario se mostrará inquieto, irritable e inconsolable. Las siguientes sugerencias, además de los programas de actividades, le ayudarán a que su bebé desarrolle hábitos de sueños saludables.

- Intente mantenerlo despierto un rato después de sus tomas diurnas.
- No lo deje dormir mucho a última hora de la tarde.
- No lo alimente después de las 3.15 p. m., ya que afectaría su toma nocturna.
- Repita el mismo programa de actividades cada noche y no permita visitas en la habitación del bebé cuando lo acueste.
- No permita que se agote; dedique al menos una hora para el baño, la comida y la hora de dormir.
- No lo sobreexcite ni juegue con él después del baño.
- No lo acune en sus brazos; déjelo calmarse en su cuna antes de que concilie el sueño profundo.
- Si usa un chupete para que se relaje, quíteselo antes de ponerlo en la cuna.
- Si se queda dormido al pecho o con el biberón, despiértelo ligeramente antes de ponerlo en su cuna.

El llanto

Obviamente todos los padres están ansiosos porque la llegada del bebé a este mundo sea feliz. Todos asociamos el llanto con el dolor o la desdicha y por ello comprendo que los padres primerizos se preparen para hacer todo lo que esté en sus manos a fin de que el bebé no llore. Sin embargo, un recién nacido solo se comunica mediante el llanto y es esencial que usted no se confunda y crea que la única forma de calmar a un bebé que llora es mediante la alimentación.

A continuación se enumeran los principales motivos por los que llora un bebé. Puede utilizarlo como una guía para eliminar las causas posibles del llanto de su bebé, y así podrá satisfacer sus necesidades reales. (Véase también las páginas 67-69.)

Hambre

Es la causa principal a últimas horas de la tarde cuando aún no se ha establecido una buena producción de leche. Intente descansar por la tarde para que aumente la subida de la leche para la toma vespertina. Pruebe ofrecerle a su bebé un suplemento de leche extraída hasta que aumente su producción de leche.

Cansancio

Los bebés menores de seis semanas se cansan después de una hora de estar despiertos. Aunque quizá no están preparados para dormir, necesitan silencio y tranquilidad.

Exceso de cansancio

Ningún bebé menor de tres meses debería estar despierto más de dos horas seguidas, pues se excitan y es imposible calmarlos. Si su bebé está inquieto dos horas después de la toma o desde el momento en que se ha despertado, lo debería calmar e intentar dormirlo aunque no parezca cansado. Un cansancio excesivo es una de las principales razones por las que los bebés no duermen bien.

Aburrimiento

Incluso un recién nacido necesita estar despierto a ratos. Manténgalo despierto un breve periodo de tiempo tras las tomas diurnas. Los bebés menores de un mes se entretienen mirando cualquier cosa que sea en blanco y negro, especialmente fotos de caras.

Gases

Todos los bebés tragan una cierta cantidad de aire mientras comen, y los que se alimentan a biberón acumulan más gases que los que toman el pecho. Si se les da la oportunidad, la mayoría los eliminan con facilidad. Si sospecha que el bebé llora porque tiene gases, compruebe que deja usted pasar el tiempo suficiente entre las tomas. La alimentación por demanda y un exceso de alimento son las principales causas de los cólicos. Un niño alimentado con lactancia materna necesita al menos tres horas para digerir una toma completa, y el bebé que toma biberón necesita entre tres horas y media y cuatro.

Horas de sueño durante el día

Para conseguir que el bebé duerma bien por la noches es esencial organizar las horas de sueño durante el día. Si duerme demasiado, a la noche se despertará. Si duerme muy poco, será un bebé irritable y agotado con dificultades para calmarse y dormir y que solo concilia el sueño cuando está completamente agotado. El experto en sueño infantil Marc Weissbluth (véase la página 68) ha investigado profundamente los modelos de sueño diurnos en más de 200 niños. Afirma que la siesta es uno de los hábitos saludables que establece la base para un buen dormir general y explica que una siesta ofrece al bebé un descanso de estímulos y le permite disponer de energía para posteriores actividades. Charles Schaefer, doctor en Psicología, profesor de Psicología en la Universidad de Fairleigh Dickinson en Teaneck, Nueva Jersey, coincide con él y sostiene: «Las siestas organizan el día, regulan el estado anímico de la madre y del bebé y le ofrece a la madre la única oportunidad para relajarse o realizar algunas tareas».

Destacados expertos en puericultura coinciden en que las siestas son esenciales para el desarrollo del cerebro de un bebé. John Herman, doctor en Psicología, especialista en sueño infantil y profesor asociado de Psicología y Psiquiatría en la Universidad de Texas, afirma: «Si las actividades se organizan en detrimento del sueño, se trata de un error. Los padres deberían recordar que cualquier cosa en la vida de un bebé es secundaria en relación con el sueño y la alimentación».

Estoy completamente de acuerdo con estos nuevos estudios y podría haberlos confirmado hace muchos años.

A los tres o cuatro meses casi todos los bebés son capaces de dormir 12 horas por la noche siempre que las horas de sueño diurnas no excedan las tres o tres horas y media divididas en dos o tres siestas por día. Si desea que su bebé duerma desde las 7-7.30 p. m. hasta las 7-7.30 a. m., es muy importante que organice las siestas de modo que la más larga sea a medio día y que el bebé duerma dos siestas breves, una por la mañana y otra a última hora de la tarde. Aunque pueda parecer conveniente que el bebé duerma más por la mañana que por la tarde, esto puede generar problemas más adelante.

Cuando el bebé ha disminuido sus horas de sueño diurnas, naturalmente suele suprimir primero la siesta de la tarde, y la siesta más prolongada del día puede ser entonces por la mañana. Sin embargo, a última hora de la tarde estará agotado y querrá dormirse alrededor de las 6.30 p. m., por lo que luego se despertará a las 6 a. m. Si lo obliga a dormir por la tarde, quizá tenga luego el problema de que no se relaja a las 7-7.30 p. m.

La siesta de la mañana

Casi todos los bebés desean dormir a las dos horas de haberse despertado por la mañana. Se los debe dejar dormir solo entre 45 minutos y una hora. Entre los 12 y los 18 meses pueden disminuir el tiempo de la siesta o suprimirla. Usted sabrá cuándo ha llegado ese momento porque el bebé tarda mucho en relajarse y duerme solo 10 ó 15 minutos en vez de los 45 que acostumbraba a dormir. Si esto continúa un par de semanas y el niño está alegre hasta la siesta del mediodía, se puede suprimir esta siesta. Es muy importante que empiece siempre a despertarlo después de 45 minutos aunque solo haya dormido 10. Si lo deja dormir más, no descubrirá si está preparado para abstenerse de esta siesta; también podría causar que el niño durmiera poco al mediodía, y esto generaría ciertos problemas que ya he mencionado.

A partir de las seis semanas

Nunca permita a su bebé dormir más de 45 minutos, pues dormirá menos al mediodía y perjudicará el ritmo del sueño, con el resultado de que se despierte demasiado pronto por la mañana. Hasta que se haya establecido un buen ritmo de sueño, el niño debe dormir en su habitación a oscuras y con la puerta cerrada. Una vez establecido el programa de actividades diurnas, puede dormir la siesta en su coche o en el asiento del automóvil si usted tiene que salir, pero no olvide despertarlo a los 45 minutos.

A partir de los seis meses

Si su bebé hace tres comidas al día, esta siesta se puede postergar hasta las 9.30 a. m. Usted sabrá que el niño esta, preparado cuando parlotea continuamente durante unos 30 minutos cuando lo acuesta. Si duerme menos de dos horas al mediodía, a partir de los doce meses puede ser necesario recortar la siesta en 20 ó 30 minutos.

Si se despierta a las 7 a. m., quizá aún necesita una breve siesta de 30 minutos a las 9.30 a. m. Si solo duerme 10 ó 15 minutos y está contento hasta la siesta del mediodía, puede suprimir esta siesta. Si el bebé duerme hasta las 8 a. m., debería ser capaz de llegar hasta la siesta del mediodía sin dormir por la mañana.

La siesta del mediodía

Esta debería ser la siesta más larga del día. Con una buena siesta al mediodía se logra que el bebé pueda disfrutar de las actividades de la tarde y que la hora de irse a dormir sea un tiempo relajado y feliz. Recientes investigaciones han revelado que una siesta entre el mediodía y las 2 p. m. es más profunda y más revitalizante que una siesta posterior porque coincide con la declinación de la atención natural del bebé. Como ya he explicado, permitir que el niño duerma más por la mañana que al mediodía afectará el ritmo del sueño y puede provocar que el bebé se despierte muy temprano.

La mayoría de los bebés necesitan dormir entre dos y dos horas y media hasta los dos años de edad, a partir de entonces se reduce gradualmente hasta una hora y media. A los tres años quizá ya no necesitan dormir después de comer, pero se los debería dejar en su habitación para que pasen un rato en tranquilidad. De lo contrario suelen estar hiperactivos a última hora de la tarde, lo que afectará su sueño por las noches.

A partir de las seis semanas

Si su bebé duerme 45 minutos por la mañana, debería despertarlo después de dos horas y cuarto. Si por alguna razón la siesta matutina ha sido más corta, puede dormir dos horas y media. Si su bebé tiene problemas para dormir por las noches, no cometa el error de dejarlo dormir más durante el día.

A partir de los seis meses

Si su bebé hace tres comidas al día o usted ha desplazado la siesta matutina de las 9 a. m a las 9.30 a. m., el bebé seguramente necesitará una siesta de 12.30 p. m. a 2.30 p. m. Si duerme menos de dos horas al mediodía, no lo deje dormir más de 45 minutos entre las 7 a. m. y el mediodía.

A partir de los nueve meses

Si su bebé tiene dificultades para dormir la siesta o se despierta antes de las dos horas, quizá deba reducir la siesta de la mañana o eliminarla. No lo deje dormir más tarde las 2.30 p. m. si quiere que luego se duerma a las 7 p. m.

La siesta de la tarde

Es la siesta más corta y la que primero debe eliminar el bebé. No es esencial que su bebé duerma esta siesta en la cuna. Es bueno que de vez en cuando pueda echar una cabezada en su coche o en su silla, pues esto le dará más libertad a la madre para salir.

A partir de los tres meses

Si quiere que su bebé se duerma a las 7 p. m., nunca debería dormir más de 45 minutos por la tarde, y deberá estar despierto alrededor de las 5 p. m., independientemente de cuanto haya dormido. Casi todos los bebés que duermen bien las otras dos siestas recortarán esta hasta que lleguen a prescindir de ella. Si por alguna razón la siesta del mediodía fue breve, deberá dejarlo dormir un rato ahora sin que duerma más de lo que le corresponde de acuerdo con su edad.

Regulando los programas de actividades

Desde el nacimiento hasta los cuatro meses

He probado diferentes programas de actividades a lo largo de los años y, sin excepción, he descubierto que el programa de 7 a. m. a 7 p. m. es el que más complace a los bebés más pequeños y a los mayores. Se adapta a sus ritmos naturales de sueño y a su necesidad de alimentarse en pocas cantidades y con frecuencia. Una vez que su bebé haga cuatro comidas al día y necesite dormir menos, es posible cambiar el programa sin afectar sus necesidades naturales, es decir, el número diario de tomas y la cantidad de horas de sueño que le corresponden según su edad.

Hasta los cuatro meses se debe tener en cuenta los siguientes puntos al organizar un programa de actividades:

• Para evitar tener que despertarse más de una vez por noche las primeras emanas el bebé tiene que hacer al menso cinco tomas diarias antes de la medianoche. Esto solo se logra si el bebé empieza el día a las 6 ó 7 a. m.
• Un programa de actividades organizado entre las 8 a. m. y las 8 p. m. durante las primeras semanas supondrá que

el bebé termine alimentándose dos veces entre la medianoche y las 7 a. m.

A partir de los cuatro meses

La mayoría de los bebés que han comenzado a tomar sólidos habrán suprimido la última toma de la noche. Resulta ahora más fácil adaptar el programa de actividades. Si el bebé ha dormido regularmente hasta las 7 a. m., es posible empezar el día a las 7.30- 8 a. m. y postergar el resto de los horarios según corresponda. El bebé se irá a dormir más tarde. Si quiere que su hijo duerma más por la mañana pero se duerma a las 7 p. m., intente lo siguiente:

* Reduzca la siesta de la mañana para que tenga sueño a las 12-12.30 p. m.
* No le permita dormir más de dos horas al mediodía y no lo deje dormir por la tarde.

Paseos

Las primeras semanas casi todos los bebés se duermen en cuanto los ponen en el coche o silla para salir de paseo. Si es posible, intente organizar el horario de la compra para que coincida con los horarios del sueño para no interrumpir el programa de actividades. Una vez que el bebé se haya adaptado a los horarios y su bebé tenga alrededor de ocho semanas, podrá salir a dar un paseo sin estar todo el tiempo dormido.

Si usted planea visitar a unos amigos, dependiendo de la duración de esa visita, puede incluirla en el horario del paseo entre las 9 a. m y las 10 a. m. o entre la 1 p. m. y las 2 p. m. Cuando llegue a su destino el bebé tendrá hambre y puede mantenerlo despierto. Hacer el viaje de retorno sobre las 4 ó 5 p. m. o después de las 7 p. m. le permitiría mantener el ritmo de las actividades.

Durante los primeros días puede suceder que la siesta del mediodía se interrumpa y el bebé ya no quiera volver a dormirse. Es obvio que no podrá estar despierto de la 1 p. m. a las 4 p. m. sin irritarse. El mejor modo de abordar este problema es permitirle dormir 30 minutos después de la toma de las 2.30 p. m. y otros 30 minutos a las 4.30 p. m. Así evitará que se irrite y este pasado de sueño y al mismo tiempo mantendrá el orden de las actividades para que duerma bien a las 7 p. m.

Horas de sueño necesarias para el primer año de vida

Edad	7a.m.8 9 10 11 12 1 2 3 4 5 6 7 8 9 10 11 12 1 2 3 4 5 6 7a.m	Horas totales/día	Siesta
0-1		15 1/2 o 16h.	5 h.
1-2		15 h.	4-4 1/2 h.
2-3		14 1/2 h.	3 1/2 h.
3-4		14 1/2 h	3 h
4-6		15 h.	3 h
6-9		14 1/2-15 h.	2 1/2 ó 3 h.
9-12		14 1/2-15 h.	2 1/2 ó 3 h.

Horas de sueño diurno
7 a. m.-7 p. m.

Horas de sueño nocturno
7 p. m.-7. a. m.

Programa de actividades para un bebé de dos a cuatro semanas alimentado con lactancia materna

Horario de las comidas	Horario de las siestas entre las 7 a. m. y las 7 p. m.
7 a. m.	8.30/9 a. m-10 a. m.
10 a. m.	11.30/12 del mediodía-2 p. m.
2 p. m.	4-5 p. m.
5 p. m.	
6.15 p. m.	
10.30 p. m.	**5 horas de sueño durante el día como máximo**

Horarios para la extracción de leche: 6.45 a. m., 9.45 a. m. y 10 p. m.

7 a. m.

- **Se debe despertar al bebé, cambiarle el pañal y alimentarlo no más tarde de las 7 a. m.**
- Necesitará 20-25 minutos para completar el primer pecho y 10-15 para el segundo después que usted se haya extraído 50 a 85 ml de leche.
- Si ha comido a las 5 a. m. o a las 6 a. m., ofrézcale el segundo pecho durante 20-25 minutos tras la extracción de 85 ml de leche.
- **No le dé de comer después de las 7.45 a. m., pues afectaría la siguiente toma.** Puede permanecer despierto por un máximo de dos horas.

8 a. m.

- Usted debería tomar cereales, pan tostado y una bebida no más tarde de las 8 a. m.

8.45 a. m.

- El bebé puede estar ligeramente somnoliento a esta hora. **Aunque no lo parezca, pronto estará cansado, de modo que llévelo a su habitación.** Mire si hay que cambiarle el pañal o la sabanilla de la parte superior de la cuna y corra las cortinas.

9 a. m.

- **Antes de que se duerma o antes de que caiga en un sueño profundo, cálmelo en su cuna bien arropado (véase la página 49), y a oscuras con la puerta cerrada, no más tarde de las 9 a. m.** Necesita dormir como máximo una hora y media.
- Lave y esterilice los biberones y el material para la extracción de leche.

9.45 a. m.

- Abra las cortinas y retire las mantas para que el bebé se despierte naturalmente. Extraiga unos 50 ml de leche del segundo pecho.
- Prepare lo necesario para lavar y vestir al bebé.

10 a. m.

- **El bebé debe estar completamente despierto, independientemente de cuánto tiempo haya dormido.**
- Debe mamar 20-25 minutos del último pecho que haya mamado la toma anterior mientras usted bebe un gran vaso de agua.
- Lave y vista al bebé, untándole con crema todos los pliegues de su piel.

10.30 a. m.

- Si no se ha extraído leche a las 9.45 a. m., hágalo ahora sacando unos 50 ml del segundo pecho y luego ofrézcasela al bebé 10-15 minutos. **No lo alimente después de las 11.15 a. m., pues afectaría la siguiente toma.**
- Déjelo en su colchoneta para que juegue y patalee vigorosamente hasta que se canse.

11.30 a. m.

- Si el bebé se muestra atento durante las dos horas previas, acaso empiece a agotarse sobre las 11.30 a. m. y debería estar en la cama alrededor de las 11.45 a. m.

11.45 a. m.

- Independientemente de lo que haya hecho previamente, en este momento se debería llevar al bebé a su habitación.
- Compruebe el estado de la sabanilla y cámbiele el pañal.
- Cierre las cortinas y, **cuando vea que el bebé tiene sueño, póngalo en su cuna bien arropado, con la habitación a oscuras y la puerta cerrada, como máximo hasta las 12 del mediodía.**

11.30/12 del mediodía-2 p. m.

- El bebé necesita una siesta de cómo máximo dos horas y media.
- Si ha dormido antes una hora y media, solo debe dejarlo dormir dos horas.
- **Si se despierta tras 45 minutos, compruebe el pañal pero no le hable ni encienda las luces.**
- **Dele 20 minutos para que se relaje**; si no lo logra, ofrézcale la mitad de la toma de las 2 p. m. e intente volver a dormirlo hasta las 2 p. m.

12 del mediodía

• Lave y esterilice el material para extraer la leche, luego coma algo y repose hasta la siguiente toma.

2 p. m.

• **El bebé debe estar despierto y alimentado antes de las 2 p. m., independientemente de cuánto tiempo haya dormido.**
• Abra las cortinas, quítele las mantas y déjelo despertar naturalmente. Cámbiele el pañal.
• Ofrézcale 20-25 minutos del último pecho que haya mamado en la toma anterior. Si sigue con hambre, puede darle 10-15 minutos el otro pecho mientras bebe un gran vaso de agua.
• **No alimente a su bebé después de las 3.15 p. m., pues afectaría a la siguiente toma.**
• **Es muy importante que esté completamente despierto hasta las 4 p. m. para que duerma bien a partir de las 7 p. m.;** si estuvo muy activo por la mañana, ahora tendrá sueño.
• No lo abrigue demasiado, pues podría amodorrarse.

4 p. m.

• Cambie el pañal del bebé. Es un buen momento para llevarlo a pasear y asegurarse de que duerme bien para que esté descansado para el baño y la próxima toma.
• **El bebé no debería dormirse después de la 5 p. m. si desea que duerma bien a partir de las 7 p. m.**

5 p. m.

• **El bebé debe estar completamente despierto y alimentado no más tarde de las 5 p. m.**

- Ofrézcale el pecho del que mamó la última vez durante 20 minutos.
- **Es muy importante que no le dé el otro pecho hasta después del baño.**

5.45 p. m.

- **Si el bebé ha estado muy despierto durante el día o no ha dormido bien entre las 4 p. m. y las 5 p. m., quizá necesita que lo bañen más temprano.**
- Déjelo patalear un buen rato sin su pañal mientras prepara lo que necesita para bañar y acostar al bebé.

6 p. m.

- El baño del bebé no debería demorarse más allá de las 6 p. m. y a las 6.15 p. m. debe estar masajeado y vestido.

6.15 p. m.

- **El bebé no debería comer más tarde de las 6.15 p. m.;** se le debería dar de comer en su habitación en la penumbra y sin contacto visual.
- Si no ha vaciado el primer pecho a las 5 p. m., dele cinco o diez minutos más antes de pasarlo al otro y alimentarlo durante 20 ó 25 minutos.
- **Es muy importante que el bebé esté en la cama a partir de las dos horas desde que se despertó por última vez.**

7 p. m.

- **Cuando tenga sueño, póngalo en su cuna bien arropado con la habitación a oscuras y la puerta cerrada no más tarde de las 7 p. m.**

- Si no se duerme a los 10 ó 15 minutos, ofrézcale diez minutos más del pecho que esté más lleno; hágalo en la oscuridad y sin hablarle.

8 p. m.

- **Es fundamental que aproveche usted este momento para hacer una buena comida y descansar antes de la siguiente toma o extracción de leche.**

10/10.30 p. m.

- Encienda las luces y quítele las mantas al bebé para que se despierte de forma natural. Deje pasar al menos diez minutos antes de alimentarlo para que esté bien despierto y coma bien.
- Prepare lo necesario para cambiarle el pañal, prepare una sabanilla de repuesto, una gasa y una manta para arroparlo por si las necesitara en mitad de la noche.
- Que el bebé mame durante 20 minutos el pecho del que mamó la última vez o la mayor parte de su toma de leche maternizada; cámbiele el pañal y vuelva a arroparlo.
- **Luego disminuya la intensidad de la luz y, sin hablarle ni mirarlo a los ojos, ofrézcale 20 minutos del segundo pecho o el resto de la leche maternizada. El bebé no debe tardar más de una hora en esta toma.**

Por la noche

- Si el bebé se despierta antes de las 4 a. m., ofrézcale una toma completa.
- Si se despierta entre las 4 y las 5 a. m., ofrézcale un pecho; el otro se lo dará a las 7 a. m. después de haberse extraído la leche.

- Si se despierta a las 6 a. m., ofrézcale un pecho, y el segundo a las 7.30 a. m. después de la extracción de leche.
- Mantenga la habitación en penumbra y evite el contacto visual o conversar con el bebé. Cámbiele el pañal solo si es imprescindible.

Cambios que se deben introducir en el programa de actividades de las dos a las cuatro semanas

Sueño

A las tres o cuatro semanas su bebé estará más despabilado y durante periodos más prolongados. Anímelo a mantenerse despierto durante el día para no afectar sus horarios nocturnos de sueños. El bebé debe dormir en todos los casos, excepto a las 4 p. m., en su habitación y a oscuras con la puerta cerrada. A las cuatro semanas la siesta matutina no debería durar más de un hora para que duerma bien al mediodía. Gradualmente, manténgalo más tiempo despierto por las mañanas hasta que se vaya a dormir a las 9 a. m. La siesta del mediodía no debería prolongarse más de dos horas y media y la de la tarde una hora en total; esta siesta a menudo se divide en un par de cabezadas entre las 4 y las 5 p. m.

A las cuatro semanas se lo debería arropar solamente hasta las axilas y por debajo de los brazos para la siesta de las 9 a. m y para la última de la tarde. Es a esta edad cuando resulta más obvio el momento en el que el bebé tiene un sueño ligero, normalmente cada 45 minutos a una hora. Si no es momento para una toma, la mayoría de los bebés se vuelven a dormir, si se les da la oportunidad.

Alimentación

Casi todos los bebés pasan por un periodo de crecimiento alrededor de la tercera semana. Si usted amamanta a su bebé y ha decidido darle un biberón al día, es una buena edad para comenzar a hacerlo. Introduzca la toma del biberón a las 10.30 p. m. Pero si usted desea dar el pecho a su bebé más de seis semanas, evite la leche maternizada en todas las demás tomas. Consulte a su pediatra si su hijo aumenta menos de 170 g semanales.

Si decide darle una toma de biberón a las 10.30 p. m., extraiga leche de ambos pechos a las 10 p. m. para mantener su producción de leche. Puede congelar la leche y utilizarla cuando tenga que dejar a su bebé con una canguro.

Cuando su bebé atraviese una etapa de crecimiento, debe reducir la cantidad de leche extraída a las 6.45 a. m. en unos 30 ml y al final de la cuarta semana reduzca otros 30 ml cuando se extraiga leche a las 10.30 a. m. A los bebés alimentados con biberón se les debe aumentar las tomas de las 7 a. m., 10.30 a. m. y 10.30 p. m. en primer lugar durante una etapa de crecimiento.

Desarrollo y tiempo social

Al terminar las cuatro semanas de vida los bebés se entretienen solos durante breves periodos de tiempo después de haber comido. Es tiempo de establecer los momentos para la sociabilidad. En esta etapa a cualquier bebé le encanta escuchar la voz de sus padres y observar su rostro. Cuando esté despierto, acostúmbrelo a sentarse en su silla a ratos; no se inquietará si usted permanece cerca de él. En las primeras cuatro semanas debe familiarizarlo con su habitación y con unos pocos juguetes. A esta edad no lo estimule demasiado. Los bebés gradualmente se estiran durante el primer mes y usted debe animarlo regularmente para que pase 10 ó 15 minutos haciendo ejercicios. Coloque libros de colores brillantes o en blanco y negro, especialmente los que muestren caras, alrededor del parque o cuna cuando este despierto. Quítele la ropa y el pañal antes del baño en una habitación caldeada y déjelo sobre su colchoneta con algunos juguetes o libros muy coloridos para que los observe y pueda patalear a gusto. A todos los bebés les encanta escuchar música y que les canten.

Programa de actividades para un bebé de cuatro a seis semanas alimentado con lactancia materna

Horario de las comidas	Horario de las siestas entre las 7 a. m. y las 7 p. m.
7 a. m.	9 a. m-10 a. m.
10.30 a. m.	11.30/12 del mediodía-2/2.30 p. m.
2/2.30 p. m.	4.15/ 5 p. m.
5 p. m.	
6.15 p. m.	
10.30 p. m.	**4 horas y media de sueño durante el día como máximo**

Horarios para la extracción de leche: 6.45 a. m., 9.45 a. m. y 10 p. m.

7 a. m.

- **El bebé debería estar despierto, cambiado y alimentado no más tarde de las 7 a. m.**
- Si ha comido a las 3 a. m. o a las 4 a. m., necesitará 20-25 minutos del pecho que esté lleno. Si sigue hambriento, ofrézcale 10-15 minutos del segundo pecho después de haberse extraído 50 a 85 ml de leche.
- Si ha comido a las 5 a. m. o a las 6 a. m., ofrézcale 20-25 minutos del segundo pecho después de extraer de 50 a 85 ml de leche.
- **No le dé de comer después de la 7.45 a. m. porque afectará la próxima toma.** Puede permanecer despierto hasta dos horas.

8 a. m.

- Usted debe tomar un desayuno de cereales, pan tostado y una bebida no más tarde de las 8 a. m.

8.45 a. m.

• El bebé debería estar algo somnoliento a esta hora. **Si no muestra signos de estar cansado, pronto lo estará, de modo que llévelo a su habitación.**

• Compruebe el estado del pañal y de la sabanilla que cubre la parte superior del colchón y cierre las cortinas.

9 a. m

• **Cuando esté adormilado, coloque al bebé en su cuna completa o parcialmente arropado, en la oscuridad y con la puerta cerrada, no más tarde de las 9 a. m.**

• Necesita dormir como máximo una hora.

• Lave y esterilice los biberones y el material para la extracción de leche.

9.45 a. m.

• Abra las cortinas y retire las mantas para que el bebé se despierte naturalmente.

• Prepare lo necesario para lavar y vestir al bebé.

10 a. m.

• **El bebé debe estar completamente despierto, independientemente de cuánto tiempo haya dormido.**

• Lave y vista al bebé, untándole con crema todos los pliegues y las zonas de su piel que estén secas.

10.30 a. m.

• Se le debe dar al bebé 20 ó 25 minutos del pecho que mamó la última vez.

• Déjelo en su colchoneta para que juegue y patalee vigorosamente mientras usted extrae unos 30 ml de leche del segundo pecho; ofrézcale luego el pecho para que mame 10 a 15 minutos.

- **No lo alimente después de las 11.30 a. m., pues afectaría la siguiente toma.**

11.30 a. m.

- Si el bebé se muestra más atento durante las dos horas previas, acaso empiece a agotarse sobre las 11.30 a. m. y debería estar en la cama alrededor de las 11.45 a. m.

11.45 a. m.

- Independientemente de lo que haya hecho previamente, en este momento se debería llevar al bebé a su habitación.
- Compruebe el estado de la sabanilla que cubre la parte superior del colchón y cámbiele el pañal.
- Cierre las cortinas y, **cuando vea que el bebé tiene sueño, póngalo en su cuna bien arropado, con la habitación a oscuras y la puerta cerrada, como máximo hasta las 12 del mediodía.**

11.30/12 del mediodía-2.00/2.30 p. m.

- El bebé necesita una siesta de cómo máximo dos horas y media.
- **Si se despierta tras 45 minutos, compruebe el pañal, pero no le hable ni encienda las luces.**
- **Dele 20 minutos para que se relaje**; si no lo logra, ofrézcale la mitad de la toma de las 2 p. m.
- Intente volver a dormirlo hasta las 2.30 p. m.

12 del mediodía

- Lave y esterilice el material para extraer la leche, luego coma algo y repose hasta la siguiente toma.

2.20 p. m.

- **El bebé debe estar despierto y alimentado antes de las 2.30 p. m., independientemente de cuánto tiempo haya dormido.**
- Abra las cortinas, quítele las mantas y déjelo despertar naturalmente. Cámbiele el pañal.
- Ofrézcale 20-25 minutos del último pecho que mamó. Luego puede darle 10-15 minutos el otro pecho mientras bebe un gran vaso de agua.
- **No alimente a su bebé después de las 3.15 p. m., pues afectaría a la siguiente toma.**
- **Es muy importante que esté completamente despierto hasta las 4.15 p. m. para que duerma bien a partir de las 7 p. m.;** si estuvo muy activo por la mañana, ahora tendrá sueño. No lo abrigue demasiado, pues podría amodorrarse.
- Déjelo en su colchoneta y anímelo para que haga ejercicios con sus piernas

4.15 p. m.

- Cambien el pañal del bebé. Es un buen momento para llevarlo a pasear para que duerma bien y esté descansado para el baño y para la próxima toma. Probablemente empiece a suprimir esta siesta.
- **El bebé no debería dormirse después de la 5 p. m. si desea que duerma bien a partir de las 7 p. m.**

5 p. m.

- **El bebé debe estar completamente despierto y alimentado no más tarde de las 5 p. m.**
- Ofrézcale el pecho del que mamó la última vez durante 20 minutos.
- **Es muy importante que no le dé el otro pecho hasta después del baño.**

5.45 p. m.

- **Si el bebé ha estado muy despierto durante el día o no ha dormido bien entre las 4 p. m. y las 5 p. m., quizá necesite que lo bañen más temprano.**
- Déjelo patalear un buen rato sin su pañal mientras prepara lo que necesita para bañar y acostar al bebé.

6 p. m.

- El baño del bebé no debería demorarse más allá de las 6 p. m., y a las 6.15 p. m. debe estar masajeado y vestido.

6.15 p. m.

- **El bebé no debería comer más tarde de las 6.15 p. m.**
- **Se le debería dar de comer en su habitación en la penumbra y sin contacto visual.**
- Si no ha vaciado el primer pecho a las 5 p. m., ofrézcale 5 ó 10 minutos más antes de pasarlo al otro.
- Aliméntelo durante 20 ó 25 minutos con el pecho que está lleno mientras bebe un gran vaso de agua.
- **Es muy importante que el bebé esté en la cama a partir de las dos horas desde que se despertó por última vez.**

7 p. m.

- **Cuando tenga sueño, póngalo en su cuna bien o medianamente (con los brazos destapados) arropado, con la habitación a oscuras y la puerta cerrada, no más tarde de las 7 p. m.**

8 p. m.

- **Es fundamental que aproveche usted este momento para hacer una buena comida y descansar antes de la siguiente toma o extracción de leche a las 10/10.30 p. m.**

10/10.30 p. m.

- Encienda las luces y quítele las mantas al bebé para que se despierte de forma natural. Deje pasar al menos diez minutos antes de alimentarlo para que esté bien despierto y coma bien.
- Prepare lo necesario para cambiarle el pañal más una sabanilla de repuesto, una gasa y una manta para arroparlo por si las necesitara en mitad de la noche.
- El bebé debe mamar durante 20 minutos del primer pecho o la mayor parte de su toma de biberón, cámbiele el pañal y vuelva a arroparlo.
- **Luego disminuya la intensidad de la luz y sin hablarle ni mirarlo a los ojos ofrézcale 20 minutos del segundo pecho o el resto de la leche maternizada.**
- **El bebé no debe tardar más de una hora en esta toma.**

Por la noche

- Si el bebé se despierta antes de las 4 a. m., ofrézcale una toma completa.
- Si se despierta entre las 4 y las 5 a. m., ofrézcale un pecho, el otro se lo dará a las 7 a. m. después de haberse extraído la leche.
- Si se despierta a las 6 a. m., ofrézcale un pecho y el segundo a las 7.30 a. m. después de la extracción de leche.
- Mantenga la habitación en penumbras y evite el contacto visual o conversar con el bebé. Cámbiele el pañal solo si es imprescindible.

Cambios que se deben introducir en el programa de actividades de las cuatro a las seis semanas

Sueño

Su bebé debería empezar a dormir más tiempo seguido durante la noche. Una vez que ha dormido de un tirón varias noches seguidas, intente no alimentarlo si comienza a despertarse otra vez. Cálmelo con unos mimos o con un poco de agua. Sus horas de sueño diurnas entre las 7 a. m. y las 7 p. m. no deberían superar las cuatro horas y media: una hora para la siesta de la mañana, no más de dos horas y media para la siesta del mediodía y como máximo 30 minutos para la siesta de la tarde entre las 4.15 y las 5 p. m. Al final de las seis semanas solo se lo debería arropar parcialmente (por debajo de los brazos) durante las siestas de las 9 a. m. y de las 7 p. m.

Ahora debería tardar menos tiempo en dormir a su bebé; que no se acostumbre a dormirse al pecho o con un chupete. Ahora es el tiempo de acostumbrarlo a relajarse cuando está más despabilado. A menudo, una de esas lámparas musicales que entonan una melodía y proyectan imágenes en el techo de la habitación durante unos 10 minutos ayuda a calmar al bebé.

Alimentación

Si comienza a despertarse más temprano durante la noche, intente calmarlo con agua y unos mimos. Si, por el contrario, debe despertarlo cada mañana a las 7, gradualmente y en muy pequeña cantidad, reduzca la cantidad de leche que toma por la noche. De este modo tomará más durante el día y menos por la noche y terminará por suprimir la toma en mitad de la noche.

Aumente las tomas diurnas y nunca las nocturnas. Recorte la primera extracción de leche del día en unos 30 ml y al final de las seis semanas suprima la extracción de las 10.30 a. m. Casi todos los bebés pueden esperar más tiempo después de la toma de las 7 a. m., de modo que postergue la toma de las 10 a. m. paulatinamente hasta llegar a las 10.30 a. m.

La mayoría de los bebés atraviesan una segunda etapa de crecimiento a las seis semanas y desean permanecer más tiempo al pecho en algunas tomas. A los bebés alimentados con biberón deberán aumentarles en primer lugar las tomas de las 7 a. m., 10.30 a. m. y luego 6.15 p. m.

Desarrollo y tiempo social

Casi todos los bebés están mucho más atentos en esta edad y disfrutan observando carteles, tarjetas o un friso de colores vivos durante periodos más prolongados. Compre una selección y péguelos en una cartulina para poder utilizarlos en distintos lugares. Su bebé debería mostrarse más interesados por sus juguetes y ser capaz de jugar durante 20 ó 30 minutos. Intente llevarlo una vez por semana a una sesión de masajes. Ahora debería controlar mejor la cabeza, de modo que anímelo para que se levante cuando esta tumbado boca abajo sobre su colchoneta, pero **nunca lo deje solo.**

Muéstrele libros simples para bebés durante 5-10 minutos diarios y señale y nombre las diferentes imágenes. Cántele canciones de cuna que incluyan muchas «s»; la forma de su boca al cantar le hará sonreír. Ahora es cuando empieza a hacer gorjeos y sonidos y le gustará que usted imite los sonidos que él produce.

Programa de actividades para un bebé de seis a ocho semanas alimentado con lactancia materna

Horario de las comidas	Horario de las siestas entre las 7 a. m. y las 7 p. m.
7 a.m.	9 a.m.-9.45 a.m.
10.45 a.m.	11.45/12 del medio día-2/2.30 p. m.
2/2.30 p. m.	4.30/5 p. m.
5 p. m.	
6.15 p. m.	
10.30 p. m.	**4 horas de sueño durante el día como máximo**

Horarios para la extracción de leche: 6.45 a. m. y 10 p. m.

7 a. m.

- **Se debe despertar al bebé, cambiarle el pañal y alimentarlo no más tarde de las 7 a. m.**
- Si ha comido a las 4 ó 5 a. m., necesitará 20-25 minutos para el pecho que está lleno, y, si aún tiene hambre, ofrézcale 10-15 minutos del segundo después que usted se haya extraído 30 a 60 ml de leche.
- Si ha comido a las 6 a. m., ofrézcale el segundo pecho durante 20-25 minutos tras la extracción de 30 a 60 ml de leche.
- **No le dé de comer después de las 7.45 a. m., pues afectaría la siguiente toma.** Puede permanecer despierto durante un máximo de dos horas.

8 a. m.

- Usted debería tomar cereales, pan tostado y una bebida no más tarde de las 8 a. m.
- Lave y vista al bebé, untándole con crema todos los pliegues de su piel y las zonas en que esta esté seca.

8.50 a. m.

- Mire si hay que cambiarle el pañal o la sabanilla y corra las cortinas.

9 a. m.

- **Cuando el bebé esté adormilado, cálmelo en su cuna parcialmente arropado y a oscuras con la puerta cerrada, no más tarde de las 9 a. m.**
- Necesita dormir como máximo 45 minutos.
- Lave y esterilice los biberones y el material para la extracción de leche.

9.45 a. m.

- Abra las cortinas y retire las mantas para que el bebé se despierte naturalmente.

10 a. m.

- **El bebé debe estar completamente despierto, independientemente de cuánto tiempo haya dormido.**
- Si ha hecho una toma completa a las 7 a. m., debería esperar hasta las 10.45 a. m. para comer otra vez. Si ha comido más temprano y a las 7.30 a. m. se le ha ofrecido un suplemento, quizá necesite adelantar ligeramente esta toma.
- Estimúlelo para que juegue un rato solo.

10.45 a. m.

- Amamante al bebé 20 ó 25 minutos con el pecho del que mamó por última vez y luego ofrézcale el segundo pecho durante 10-15 minutos mientras usted bebe un gran vaso de agua.

- **No lo alimente después de las 11.30 a. m., pues afectaría las siguientes tomas.**

11.45 a. m.

- Independientemente de lo que haya hecho previamente, en este momento se debería llevar al bebé a su habitación.
- Compruebe el estado de la sabanilla y cámbiele el pañal.
- Cierre las cortinas y, **cuando vea que el bebé tiene sueño, póngalo en su cuna bien arropado o dejando sus brazos fuera de las cobijas, con la habitación a oscuras y la puerta cerrada, como máximo hasta las 12 del mediodía.**

11.45/12 del mediodía-2/2.30 p. m.

- El bebé necesita una siesta de cómo máximo dos horas y media a partir de que se haya dormido.

12 del mediodía

- Lave y esterilice el material para extraer la leche, luego coma algo y repose hasta la siguiente toma.

2.30 p. m.

- **El bebé debe estar despierto y alimentado antes de las 2.30 p. m., independientemente de cuánto tiempo haya dormido.**
- Abra las cortinas, quítele las mantas y déjelo despertar naturalmente. Cámbiele el pañal.

- Ofrézcale 20-25 minutos del último pecho que mamó. Si sigue con hambre, puede darle 10-15 minutos el otro pecho mientras bebe un gran vaso de agua.
- **No alimente a su bebé después de las 3.15 p. m., pues afectaría a la siguiente toma.**
- **Es muy importante que esté completamente despierto hasta las 4.30 p. m. para que duerma bien a partir de las 7 p. m.**
- Si estuvo muy activo por la mañana, ahora tendrá sueño. No lo abrigue demasiado, pues podría amodorrarse.
- Colóquelo en su colchoneta para que juegue y mueva sus piernas.

4.15 p. m.

- Cambie el pañal del bebé y ofrézcale una bebida de agua hervida templada o un zumo muy diluido no más tarde de las 4.30 p. m. (Si cuando su bebé tiene ocho semanas rechaza el agua, mézclela con un poco de zumo de melocotón.)
- Es un buen momento para llevarlo a pasear y asegurarse de que duerme bien para que esté descansado para el baño y la próxima toma.

5 p. m.

- **El bebé debe estar completamente despierto a esta hora si desea que duerma bien después de las 7 p. m.**
- Si tiene hambre, ofrézcale el pecho del que mamó la última vez durante 10-15 minutos, de lo contrario intente que el bebé espere hasta después del baño para hacer una toma completa. A las ocho semanas debería mostrarse bien dispuesto a comer después del baño.

5.30 p. m.

- Déjelo patalear un buen rato sin su pañal mientras prepara lo que necesita para bañar y acostar al bebé.

5.45 p. m.

• El baño del bebé no debería demorarse más allá de las 5.45 p. m. y a las 6.15 p. m. debe estar masajeado y vestido.

6.15 p. m.

• **El bebé no debería comer más tarde de las 6.15 p. m.;** se le debería dar de comer en su habitación en la penumbra y sin contacto visual.
• Si ha comido a las 5 p. m., dele 10-15 minutos para vaciar completamente el pecho antes de pasarlo al otro pecho.
• Si no ha comido a las 5 p. m., debería comenzar por el pecho que mamó la última vez. Déjelo mamar 20 minutos de cada pecho mientras usted bebe una gran vaso de agua.
• **Es muy importante que el bebé esté en la cama a partir de las dos horas desde que se despertó por última vez.**

7 p. m.

• **Cuando tenga sueño, póngalo en su cuna parcialmente arropado con la habitación a oscuras y la puerta cerrada, no más tarde de las 7 p. m.**

8 p. m.

• **Es fundamental que aproveche usted este momento para hacer una buena comida y descansar antes de la siguiente toma o extracción de leche.**

10/10.30 p. m.

• Encienda las luces y quítele las mantas al bebé para que se despierte de forma natural. Deje pasar al menos diez minutos antes de alimentarlo para que esté bien despierto y coma bien.

- Prepare lo necesario para cambiarle el pañal más una sabanilla de repuesto, una gasa y una manta para arroparlo por si las necesitara en mitad de la noche.
- Que el bebé mame durante 20 minutos del primer pecho o la mayor parte de su toma de leche maternizada, cámbiele el pañal y vuelva a arroparlo.
- **Luego disminuya la intensidad de la luz y, sin hablarle ni mirarlo a los ojos, ofrézcale 20 minutos del segundo pecho o el resto de la leche maternizada.**
- **El bebé no debe tardar más de una hora en esta toma.**

Por la noche

- Si el bebé está comiendo bien antes de las 4 a. m. y pierde interés por la toma de las 7 a. m., sería aconsejable intentar calmarlo con agua hervida templada. Si toma 30 ó 50 ml antes de ponerlo al pecho, quizá coma mejor a las 7 a. m. La meta es que el ingiera la cantidad necesaria de leche entre las 7 a. m. y las 11 p. m. Si engorda entre 170 y 225 g por semana es importante reducir y finalmente suprimir la toma adecuada.
- Si se despierta entre las 4 y las 5 a. m., ofrézcale un pecho; el otro se lo dará a las 7 a. m. después de haberse extraído la leche.
- Si se despierta a las 6 a. m., ofrézcale un pecho, y el segundo a las 7.30 a. m. después de la extracción de leche.
- Mantenga la habitación en penumbras igual que antes y reduzca al mínimo la estimulación. Cámbiele el pañal solo si es imprescindible.

Cambios que se deben introducir en el programas de actividades de las seis a las ocho semanas

Sueño

La mayoría de los bebés deberían empezar a dormir más tiempo durante la noche. Una vez que lo haya logrado durante varias noches seguidas, no lo alimente antes de esa hora.

Recorte su siesta diurna en 30 minutos, pues debe dormir un total de cuatro horas diarias. La siesta de la mañana no debería exceder los 45 minutos, la del mediodía debería durar entre dos horas y cuarto y dos horas y media y la de la tarde no debería superar los 30 minutos. Algunos bebés sustituyen la siesta vespertina por una cabezada y otros la suprimen directamente. No le permita eliminar esta siesta si no permanece despierto hasta las 7 p. m.; si desea que duerma hasta las 7 a. m., es importante que se acueste sobre las 7 p. m.

Debería arroparlo parcialmente en las siestas de las 9 a. m y 7 p. m., y al final de las ocho semanas también en la del mediodía. Una vez que haya dormido de un tirón por la noche durante dos semanas, se lo puede arropar parcialmente también por la noche. Ya debería dormir parte del tiempo en su cuna para prepararlo gradualmente para que duerma allí toda la noche.

Alimentación

Si su bebé de pronto vuelve a despertarse durante la noche, espere 10 minutos antes de ir a verlo. Si no se vuelve a dormir, cálmelo con algunos mimos o con un poco de agua.

Aumente las tomas diurnas y nunca las nocturnas. Casi todos los bebés esperan tranquilamente después de la toma de las 7 a. m. De modo que postergue esta toma hasta las 10.45 a. m. Recorte la primera extracción de leche en 30 ml y al final de las ocho semanas suprima la extracción de las 6.45 a. m. Cuando pasen las ocho semanas habrá eliminado la toma de las 5 p. m., que se sustituirá por una bebida de agua hervida templada o de agua con un poco de zumo de melocotón. Una vez eliminada la toma de las 5 p. m., se debe adelantar el horario del baño para que el bebé mame luego de ambos pechos o tome un biberón completo.

La mayoría de los bebés atraviesan una segunda etapa de crecimiento alrededor de las seis semanas y en algunas tomas quieren permanecer más tiempo al pecho. A los bebés alimentados con biberón se les debe aumentar las tomas de las

7 a. m., 10.45 a. m. y 6.15 p. m. en primer lugar durante una etapa de crecimiento. La toma de las 10.30 solo se debe aumentar si ya se han aumentado las otras tomas y el bebé no duerme largamente durante la noche. Intente no ofrecerle más de 180 ml en esta toma.

Desarrollo y tiempo social

Su bebé ya debería estar muy atento cuando está despierto. Si permanece despierto durante ocho horas entre las 7 a. m. y las 7 p. m., seguramente dormirá más por las noches.

Debe usted pasar un rato cada día haciéndole ejercicios al bebé; hay libros especializados que le indicarán cómo hacerlo. Estimúlelo para que pase periodos prolongados tumbado boca abajo sobre el suelo y también para que gire sobre sí mismo e intente agarrar los juguetes. Ofrézcale sonajeros para que los sujete con sus manos. El bebé la seguirá con la mirada cuando se mueva por la habitación y responderá a su voz con sonrisas y gorjeos. Continúe mostrándole diferentes libros para bebés y hágale escuchar diversos tipos de música.

Programa de actividades para un bebé de ocho a doce semanas alimentado con lactancia materna

Horario de las comidas	Horario de las siestas entre las 7 a. m. y las 7 p. m.
7 a. m.	9 a. m-9.45 a. m.
10.45/11 a. m.	12 del mediodía-2/2.15 p. m.
2/2.15 p. m.	4.45-5 p. m.
6.15 p. m.	
10.30 p. m.	**Tres horas y media de sueño durante el día como máximo**
Extracción de leche a las 10 p. m.	

7 a. m.

- **Se debe despertar al bebé, cambiarle el pañal y alimentarlo no más tarde de las 7 a. m.**
- Se le dará 20-25 minutos del primer pecho y luego 10-15 minutos del segundo.
- **No le dé de comer después de las 7.45 a. m., pues afectaría la siguiente toma.**
- Puede permanecer despierto por un máximo de dos horas.

8 a. m.

- Usted debería tomar cereales, pan tostado y una bebida no más tarde de las 8 a. m.
- Lave y vista al bebé, untándole con crema todos los pliegues de su piel y las zonas en que esta esté seca.

8.50 a. m.

- Mire si hay que cambiarle el pañal o la sabanilla de la cuna y corra las cortinas.

9 a. m

- **Cuando el bebé esté adormilado, cálmelo en su cuna parcialmente arropado y a oscuras con la puerta cerrada, no más tarde de las 9 a. m.**
- Necesita dormir como máximo 45 minutos.
- Lave y esterilice los biberones y el material para la extracción de leche.

9.45 a. m.

- Abra las cortinas y retire las mantas para que el bebé se despierte naturalmente.

10 a. m.

- El bebé debe estar completamente despierto, independientemente de cuánto tiempo haya dormido.
- Estimúlelo para que juegue un rato y haga ejercicio solo.

10.45/11 a. m.

- Amamante al bebé 20 minutos con el pecho del que mamó por última vez, y luego ofrézcale el segundo pecho durante 10-15 minutos mientras usted bebe un gran vaso de agua.
- **No lo alimente después de las 11.30 a. m., pues afectaría la siguiente toma.**

11.55 a. m.

- Independientemente de lo que haya hecho previamente, en este momento se debería llevar al bebé a su habitación.
- Compruebe el estado de la sabanilla y cámbiele el pañal.

- Cierre las cortinas y, **cuando vea que el bebé tiene sueño, póngalo en su cuna parcialmente arropado, con la habitación a oscuras y la puerta cerrada, como máximo hasta las 12 del mediodía.**

12 del mediodía-2/2.15 p. m.

- El bebé necesita una siesta de cómo máximo dos horas y cuarto a partir de que se haya dormido.
- Lave y esterilice el material para extraer la leche.

2./2.15 p. m.

- **El bebé debe estar despierto dos horas y cuarto a partir de la hora en que se durmió, independientemente de cuánto tiempo haya dormido, y no debe comer más tarde de las 2.30 p. m.**
- Abra las cortinas, quítele las mantas y déjelo despertar naturalmente. Cámbiele el pañal.
- Ofrézcale 20 minutos del último pecho que mamó, y luego puede darle 10-15 minutos el otro pecho mientras bebe un gran vaso de agua.
- **No alimente a su bebé después de las 3.15 p. m., pues afectaría a la siguiente toma.**
- **Es muy importante que esté completamente despierto hasta las 4.45 p. m. para que duerma bien a partir de las 7 p. m.**

4.15 p. m.

- Cambie el pañal del bebé y ofrézcale una bebida de agua hervida templada o un zumo muy diluido no más tarde de las 4.30 p. m.
- Puede dormir una breve siesta entre las 4.45 p. m. y las 5 p. m.

5 p. m.

- **El bebé debe estar completamente despierto ahora si desea que duerma bien después de las 7 p. m.**
- El bebé debería poder esperar hasta después del baño para hacer una toma completa.

5.30 p. m.

- Déjelo patalear un buen rato sin su pañal mientras prepara lo que necesita para bañar y acostar al bebé.

5.45 p. m.

- El baño del bebé no debería demorarse más allá de las 5.45 p. m., y a las 6.15 p. m. debe estar masajeado y vestido.

6.15 p. m.

- **El bebé no debería comer más tarde de las 6.15 p. m. y se le debería dar de comer en su habitación en la penumbra y sin contacto visual.**
- Déjelo mamar 20 minutos de cada pecho mientras usted bebe una gran vaso de agua.
- **Es muy importante que el bebé esté en la cama a partir de las dos horas desde que se despertó por última vez.**

7 p. m.

- **Cuando tenga sueño, póngalo en su cuna parcialmente arropado, con la habitación a oscuras y la puerta cerrada no más tarde de las 7 p. m.**

8 p. m.

• **Es fundamental que aproveche usted este momento para ingerir una comida nutritiva y descansar antes de la siguiente toma o extracción de leche.**

10/10.30 p. m.

• Encienda las luces y quítele las mantas al bebé para que se despierte de forma natural. Deje pasar al menos diez minutos antes de alimentarlo para que esté bien despierto y coma bien.
• Prepare lo necesario para cambiarle el pañal, más una sabanilla de repuesto, una gasa y una manta para arroparlo por si las necesitara en mitad de la noche.
• Que el bebé mame durante 20 minutos del primer pecho o la mayor parte de su toma de leche maternizada, cámbiele el pañal y vuelva a arroparlo.
• **Luego disminuya la intensidad de la luz y, sin hablarle ni mirarlo a los ojos, ofrézcale 20 minutos del segundo pecho o el resto del biberón.**
• **El bebé no debe tardar más de una hora en esta toma.**

Por la noche

• Si el bebé está comiendo bien antes de las 5 a. m. y pierde interés por la toma de las 7 a. m., sería aconsejable intentar calmarlo con agua hervida templada. El objetivo es que ingiera la cantidad necesaria de leche entre las 7 a. m. y las 11 p. m. Si engorda unos 170 g por semana, es importante suprimir la leche hasta las 5 a. m.
• Si se despierta a las 5 a. m., ofrézcale un pecho; si fuera necesario, póngalo al otro pecho unos 5-10 minutos.
• Si se despierta a las 6 a. m., ofrézcale un pecho y espere hasta las 7.30 a. m. para darle el segundo pecho.

• Evite estimular al bebé durante la noche. Cámbiele el pañal sólo si es imprescindible.

Cambios que se deben introducir en el programas de actividades de las ocho a las doce semanas

Sueño

La mayoría de los bebés deberían dormir toda la noche a esta edad. Aunque un bebé que se alimente completamente con lactancia materna puede despertarse aún una vez por la noche, con suerte cerca de las 5 ó 6 a. m.

Recorte la siesta diaria de su bebé unos 30 minutos hasta que duerma en total tres horas durante el día. La siesta matutina no debería superar los 45 minutos, pero si no duerme bien al mediodía se puede reducir a 30 minutos. La siesta del mediodía no debe superar las dos horas y cuarto. Casi todos los bebés han suprimido la siesta de la tarde, si el suyo no la ha hecho no lo deje dormir más de 15 minutos. Todos los bebés deberían ser arropados parcialmente y dormir en sus cunas; se debe prestar mucha atención al acostarlo, pues una de las razones por las que los bebés se despiertan a esta edad es que al moverse en la cuna se les queda atrapado un brazo o una pierna entre las barras. (Para obtener más información sobre las cunas y la ropa para las cunas, véase las páginas 22-25.)

Alimentación

Siga postergando la toma de las 10.45 a. m. hasta llegar a las 11 a. m. Si duerme regularmente hasta las 7 a. m., adelante la toma de las 10.30/11 p. m., cinco minutos cada tres noches, hasta que el bebé coma a las 10 p. m. Debería estar haciendo cinco tomas diarias con una toma muy pequeña a las 10 p. m. Si solo toma el pecho y ha empezado a despertarse antes por las mañanas, merece la pena ofrecerle un suplemento de biberón con leche de la madre o maternizada después de la toma de las 10 p. m.

Si está usted considerando introducir otra toma de biberón, el mejor momento es a las 11 a. m. Gradualmente reduzca el tiempo de la toma dos o tres minutos cada día y ofrézcale un suplemento de leche maternizada. Si tras la primer semana el bebé toma un biberón de 150-180 ml, puede eliminar la toma del pecho sin el riesgo de que se acumule mucha leche. Aumente la toma de biberón según las necesidades de su bebé. A los bebés alimentados con biberón se les debe seguir aumentando en primer lugar las tomas de las 7 a. m., 11 a. m. y 6.15 p. m. durante las etapas de crecimiento. A menos que su bebé sea muy hambriento, la toma de las 2.30 p. m. debería tener 30 ml menos que el resto para que coma bien a las 6.15 p. m.

Desarrollo y tiempo social

Su bebé debería ser capaz de permanecer despierto cuando sale en su carro y disfrutar de lo que observa a su alrededor, para lo que hay que sentarlo ligeramente elevado. Apúntelo a una clase de natación para bebés. Ahora pasa seguramente mucho tiempo mirándose las manos y chupándoselas. Anímelo para que intente agarrar los juguetes y sostenerlos en la mano y para que se balancee de atrás hacia delante.

Programa de actividades para un bebé de tres a cuatro meses alimentado con lactancia materna

Horario de las comidas	Horario de las siestas entre las 7 a. m. y las 7 p. m.
7 a. m.	9 a. m-9.45 a. m.
11 a. m.	12 del mediodía-2/2.15 p. m.
2.15/2.30 p. m.	
6.15 p. m.	
10.30 p. m.	**3 horas de sueño durante el día como máximo**

7 a. m.

- **Se debe despertar al bebé, cambiarle el pañal y alimentarlo no más tarde de las 7 a. m.**
- Debe mamar de los dos pechos o un biberón completo y luego permanecer despierto durante dos horas.

8 a. m.

- Estimule al bebé para que juegue y haga ejercicio solo en su colchoneta durante 20-30 minutos.
- Lave y vista al bebé, untándole con crema todos los pliegues de su piel y las zonas en que esta esté seca.

9 a. m

- **Cuando el bebé esté adormilado, cálmelo en su cuna parcialmente arropado y a oscuras con la puerta cerrada, no más tarde de las 9 a. m.** Necesita dormir como máximo 45 minutos.
- Lave y esterilice los biberones y el material para la extracción de leche.

9.45 a. m.

- Abra las cortinas y retire las mantas para que el bebé se despierte naturalmente.

10 a. m.

- **El bebé debe estar completamente despierto, independientemente de cuánto tiempo haya dormido.**
- Estimúlelo para que juegue y haga ejercicio solo.

11 a. m.

- Ofrézcale al bebé una toma de ambos pechos o un biberón completo.
- No lo alimente después de las 11.30 a. m., pues afectaría las siguientes tomas.

11.50 a. m.

- Compruebe el estado de la sabanilla y cámbiele el pañal.
- Cierre las cortinas y, **cuando vea que el bebé tiene sueño, póngalo en su cuna bien o parcialmente arropado, con la habitación a oscuras y la puerta cerrada, como máximo hasta las 12 del mediodía.**

12 del mediodía-2/2.15 p. m.

- El bebé necesita una siesta de cómo máximo dos horas y cuarto a partir de que se haya dormido. Lave y esterilice los biberones y el material para extraer la leche.

2/2.15 p. m.

- **El bebé debe estar despierto y alimentado antes de dos horas y cuarto a partir del momento en que lo**

haya acostado, independientemente de cuánto tiempo haya dormido.

- Abra las cortinas, quítele las mantas y déjelo despertar naturalmente. Cámbiele el pañal.
- Ofrézcale una toma de ambos pechos o un biberón completo.
- **No alimente a su bebé después de las 3.15 p. m., pues afectaría a la siguiente toma.**
- Si ha dormido bien ambas siestas, puede estar despierto el resto de la tarde.

4.15 p. m.

- Cambie el pañal del bebé y ofrézcale una bebida de agua hervida templada o un zumo muy diluido no más tarde de las 4.30 p. m.

5.30 p. m.

- Déjelo patalear un buen rato sin su pañal en la colchoneta mientras prepara lo que necesita para bañar al bebé.

5.45 p. m.

- El baño del bebé no debería demorarse más allá de las 5.45 p. m., y a las 6.15 p. m. debería estar masajeado y vestido.

6.15 p. m.

- **El bebé no debería comer más tarde de las 6.15 p. m.**
- Debe mamar de ambos pechos o un total de 210-240 ml de leche maternizada.
- Baje la intensidad de las luces y siéntelo en su silla unos 10 minutos mientras usted recoge la habitación.

7 p. m.

- **Cuando tenga sueño, póngalo en su cuna parcialmente arropado, con la habitación a oscuras y la puerta cerrada, no más tarde de las 7 p. m.**

10.30 p. m.

- Encienda las luces y quítele las mantas al bebé para que se despierte de forma natural.
- Ofrézcale la mayor parte de la toma o 180 ml de biberón, cámbiele el pañal y arrópelo parcialmente.
- **Luego disminuya la intensidad de la luz y, sin hablarle ni mirarlo a los ojos, ofrézcale el resto de la toma. Si la rechaza, no lo obligue a tomarla, pues acaso sea el momento para empezar a reducirla.**
- El bebé no debe tardar más de media hora en esta toma.

Cambios que se deben introducir en el programas de actividades de los tres a los cuatro meses

Sueño

Su bebé reducirá la última siesta de la tarde. Algunos días incluso no dormirá siesta, pero entonces quizá tenga sueño 5-10 minutos antes de la hora acostumbrada. Se debería reducir el tiempo que el bebé permanece despierto en la toma de las 10.30 unos 30 minutos. Si suele encontrarlo destapado en su cuna, utilice un saco de dormir de algodón al 100 por 100.

Alimentación

Si su bebé continúa durmiendo hasta las 7 a. m. una vez que se ha reducido 30 minutos del tiempo que está despierto a las 10.30 p. m., disminuya la cantidad que está tomando a las 10/10.30 p. m. Únicamente debe continuar sin variación si duerme bien hasta las 7 a. m. Cuando tome 60 ml de la última toma y duerma hasta las 7 a. m. durante siete noches, elimine esta toma.

Desarrollo y tiempo social

Debería pasar la mayor parte del tiempo social en el suelo pataleando y rodando sobre sí mismo, intentando coger los juguetes y sosteniéndolos en la mano. Debería estar tumbado boca abajo durante un rato cada día, ir a clases de natación una vez a la semana y tener otras actividades sociales. Léale un cuento cada día y hágale escuchar distintos tipos de música. Anímelo a coger su biberón, pero no lo deje tomar la leche solo.

Robert: cuatro meses

Robert se alimentaba con lactancia materna y una toma de leche maternizada cuando su medre me llamó. Estaba muy preocupada porque, a pesar de introducir alimentos sólidos, el bebé aún comía cada dos horas día y noche. No parecía tener ninguno de los problemas habituales, y cuando lo ponían a dormir no necesitaba ayuda para conciliar el sueño de inmediato.

Cuando se despertaba por la noche comía rápidamente y se volvía a dormir. El único problema real era que necesitaba comer cada dos horas.

Al nacer había pesado tres kilos y medio y a los cuatro meses pesaba más de siete kilos, lo que demostraba que estaba comiendo muy bien. Sugerí a la madre que continuara dándole arroz para bebés, pero que lo introdujera después de la toma de las 6 p. m. en vez de a las 2.30 p. m. El único biberón que tomaba se le debería ofrecer a las 10.30 p. m. en vez de a las 10.30 a. m. Para el resto de las tomas y para su ritmo de sueño le aconsejé que aplicara un programa de actividades correspondiente a las seis semanas; si se adaptaba bien a él, podría gradualmente modificar las actividades hasta aplicar un programa adecuado a su edad.

Tras dos semanas, Robert se había adaptado de buen gusto al programa de actividades de los cuatro meses y dormía casi todas las noches desde esa toma de las 10.30 p. m. hasta las 7 a. m. Desgraciadamente, los padres de Robert solo disfrutaron una semana de esta nueva situación porque el bebé se constipó. Siguió comiendo bien, durante el día las actividades se desarrollaban perfectamente y se dormía a las 7 p. m., pero como la mayoría de los bebés que se constipan estaba muy inquieto por las noches. Los padres elevaron la cuna y utilizaron un vaporizador, pero la nariz llena de mocos de Robert lo irritaba tanto que la única forma de calmarlo era que la madre lo cogiera en brazos y lo pusiera sobre su pecho. El constipado duró casi dos semanas, pero el niño ya estaba acostumbrado a despertarse a las 3 a. m. y siguió haciéndolo. La madre estaba tan agotada que terminó por ofrecerle un chupete cuando se despertaba a las 3 a. m. Tal como había previsto, comenzó a pedirlo para dormir.

Cuando tenía seis meses todas sus siestas estaban desordenadas, era difícil ponerlo a dormir a las 7 p. m. y se despertaba invariablemente por la noche. Sugerí que se aplicara un método de inducción al sueño, pero la madre aseguraba que finalmente recuperaría su ritmo normal. Al final de los siete meses decidió quitarle completamente el chupete, pues las cosas se le estaban yendo de las manos, y al cabo de un par de noches de dejarlo llorar durante 20-30 minutos había aprendido a calmarse. Sin embargo, continuó despertándose al menos una vez por noche, aunque los padres generalmente conseguían que se durmiera otra vez acariciándole la frente.

La madre volvió a trabajar cuando Robert tenía nueve meses, y advirtió que no podría atender correctamente su empleo si seguía despertándose por la noche aunque solo fuera una vez. Los padres para ese entonces habían hablado con otras parejas que había aplicado el método de inducción al sueño con sus hijos y decidieron que era ahora o nunca. Fue una pena tanto para ellos como para el bebé que no respeta-

ran la regla de oro, que es no coger nunca al bebé en brazos cuando está llorando. Lo dejaban llorar 30 a 50 minutos y se sentían tan culpables que luego lo cogían y lo mecían hasta que se durmiera, a pesar de que les había dicho repetidamente que el método sería eficaz únicamente si los padres eran muy disciplinados. Al coger al bebé tras 40 minutos de llanto le estaban enseñando que lo cogerían en brazos si lloraba lo suficiente. Y lo que es peor, como el bebé estaba tan agotado durante el día se mostraba irritable e insatisfecho.

La madre, que se había incorporado al trabajo, estaba tan agotada por despertarse durante la noche, que decidió volver a probar el método de inducción al sueño. Le presenté a varias madres que habían atravesado una situación similar, con la esperanza de que adquiriera confianza para aplicar el método correctamente. La primera noche Robert lloró durante tres horas y sus padres no acudieron a su lado. Permanecieron en la cama cogidos de la mano y llorando también, jurando no llegar hasta este punto si tenían un segundo hijo. La segunda noche el bebé lloró de nuevo durante tres horas, pero esta vez con intervalos prolongados. La tercera noche durmió desde las 7.30 p. m. hasta las 7 a. m., y continuó así hasta que varios meses después cogió otro constipado. Pero en esta ocasión, cuando se curó, los padres dejaron que se durmiera solo, y lo consiguieron tras un par de noches en las que el niño lloró un poco.

La mayoría de los bebés vuelven automáticamente a su programa de actividades cuando se recuperan de una enfermedad, pero algunos, como Robert, necesitan que los ayuden a recuperar su ritmo de sueño.

Programa de actividades para un bebé de cuatro a cinco meses alimentado con lactancia materna

Horario de las comidas	Horario de las siestas entre las 7 a. m. y las 7 p. m.
7 a. m.	9 a. m-9.45 a. m.
11 a. m.	12 del mediodía-2/2.15 p. m.
2.30 p. m.	
6 p. m.	
10 p. m.	**3 horas de sueño durante el día como máximo**

7 a. m.

- **Se debe despertar al bebé, cambiarle el pañal y alimentarlo no más tarde de las 7 a. m.**
- Debe mamar de los dos pechos o un biberón completo
- Debe permanecer despierto durante dos horas.

8 a. m.

- Estimule al bebé para que juegue y haga ejercicio solo en su colchoneta durante 20-30 minutos.
- Lave y vista al bebé, untándole con crema todos los pliegues de su piel y las zonas en que esta esté seca.

9 a. m

- **Cuando el bebé esté adormilado, cálmelo en su cuna parcialmente arropado y a oscuras, con la puerta cerrada, no más tarde de las 9 a. m.** Necesita dormir como máximo 45 minutos.
- Lave y esterilice los biberones y el material para la extracción de leche.

9.45 a. m.

* Abra las cortinas y retire las mantas para que el bebé se despierte naturalmente.

10 a. m.

* **Independientemente de cuánto tiempo haya dormido, el bebé debe estar completamente despierto.** Estimúlelo para que juegue y haga ejercicio solo o llévelo a dar un paseo.

11 a. m.

* Ofrézcale al bebé una toma de ambos pechos o un biberón completo antes de ofrecerle una papilla de vegetales.
* Anímelo para que permanezca en su silla mientras prepara la comida.

11.50 a. m.

* Compruebe el estado de la sabanilla y cámbiele el pañal.
* Cierre las cortinas y, **cuando vea que el bebé tiene sueño, póngalo en su cuna bien o parcialmente arropado, con la habitación a oscuras y la puerta cerrada, como máximo hasta las 12 del mediodía.**

12 del mediodía-2/2.15 p. m.

* **El bebé necesita una siesta de cómo máximo dos horas y cuarto a partir de que se haya dormido.** Lave y esterilice los biberones y el material para extraer la leche.

2.15/2.30 p. m.

- **El bebé debe estar despierto y alimentado antes de dos horas y cuarto a partir del momento en que lo haya acostado, independientemente de cuánto tiempo haya dormido, y no debe comer más tarde de las 2.30 p. m.**
- Abra las cortinas, quítele las mantas y déjelo despertar naturalmente. Cámbiele el pañal.
- Ofrézcale una toma de ambos pechos o un biberón completo.
- **No alimente a su bebé después de las 3.15 p. m., pues afectaría a la siguiente toma.**
- Si ha dormido bien ambas siestas, puede estar despierto el resto de la tarde.

4.15 p. m.

- Cambie el pañal del bebé y ofrézcale una bebida de agua hervida templada o un zumo muy diluido no más tarde de las 4.30 p. m.

5.15 p. m.

- Déjelo patalear un buen rato sin su pañal sobre la colchoneta mientras prepara lo que necesita para bañar al bebé.

5.30 p. m.

- El baño del bebé no debería demorarse más allá de las 5.35 p. m., y a las 6 p. m. debería estar masajeado y vestido.

6 p. m.

- **El bebé no debería comer más tarde de las 6 p. m.**
- Debe mamar de ambos pechos o un biberón completo antes del arroz y la papilla de frutas.

- Baje la intensidad de las luces y siéntelo en su silla unos 10 minutos mientras usted recoge la habitación.

7 p. m.

- **Cuando el bebé tenga sueño, póngalo en su cuna parcialmente arropado, con la habitación a oscuras y la puerta cerrada, no más tarde de las 7 p. m.**

10 p. m.

- Encienda las luces y quítele las mantas al bebé para que se despierte de forma natural.
- Ofrézcale la mayor parte de la toma de pecho o biberón, cámbiele el pañal y arrópelo parcialmente.
- **Luego disminuya la intensidad de la luz y, sin hablarle ni mirarlo a los ojos, ofrézcale el resto de la toma. Si la rechaza, no lo obligue a tomarla, pues acaso sea el momento para empezar a reducirla.**
- **El bebé no debe tardar más de media hora en esta toma.**

Cambios que se deben introducir en el programas de actividades de los cuatro a los cinco meses

Sueño

Al final de los cinco meses su bebé debería estar durmiendo desde la 7 p. m. hasta las 7 a. m. Si continuamente se destapa en su cuna, pruebe con un saco de dormir de algodón al 100 por 100. Si no duerme dos horas completas al mediodía, recorte la siesta de la mañana.

Alimentación

Cuando se introducen sólidos a los cuatro meses, es importante que tome primero su leche. El horario del baño debería adelantarse para que tenga tiempo para terminar el arroz y la papilla de frutas después de tomar la leche. Cuando se introducen los sólidos a las 6 p. m., si aún no ha dejado la toma de las 10.30 p. m., se la debería adelantar a las 10 p. m. y suprimirla alrededor de los cinco meses. Debería tomar una gran variedad de vegetales y frutas desde el primer momento del destete (véase la página 200).

Desarrollo y tiempo social

El bebé debe pasar gran parte del tiempo social sobre el suelo, pataleando y rodando, cogiendo los juguetes durante pequeños periodos de tiempo. Estimúlelo para que lo haga y anímelo a que coja su biberón. Debería estar tumbado boca a bajo un rato cada día, escuchar un cuento y también una gran variedad de música. Debería ir a clase de natación una vez por semana y tener alguna otra actividad social.

Programa de actividades para un bebé de cinco a seis meses alimentado con lactancia materna

Horario de las comidas	Horario de las siestas entre las 7 a. m. y las 7 p. m.
7 a. m.	9 a. m-9.45 a. m.
11.30 a. m.	12.15 del mediodía-2/2.15 p. m.
2.30 p. m.	
6 p. m.	**3 horas de sueño durante el día como máximo**

7 a. m.

- **Se debe despertar al bebé, cambiarle el pañal y alimentarlo no más tarde de las 7 a. m.**
- Debe mamar de los dos pechos o tomar un biberón completo seguido de una pequeña cantidad de cereales mezclados con leche de la madre o maternizada.
- Debe permanecer despierto durante dos horas.

8 a. m.

- Estimule al bebé para que juegue y haga ejercicio solo en su colchoneta durante 20-30 minutos.
- Lave y vista al bebé, untándole con crema todos los pliegues de su piel y las zonas en que esta esté seca.

9 a. m

- **Cuando el bebé esté adormilado, colóquelo en su cuna parcialmente arropado y a oscuras, con la puerta cerrada, no más tarde de las 9 a. m.**
- Necesita dormir como máximo 45 minutos.

9.45 a. m.

- Abra las cortinas y retire las mantas para que el bebé se despierte naturalmente.

10 a. m.

- **El bebé debe estar completamente despierto, independientemente de cuánto tiempo haya dormido.**
- Estimúlelo para que juegue y haga ejercicio solo o llévelo a dar un paseo.

11.30 a. m.

- Ofrézcale al bebé la mitad de una toma y a continuación una papilla de vegetales variados; finalmente, ofrézcale el resto de la leche.
- Siéntelo en su silla mientras usted recoge los platos.

12.10 p. m.

- Compruebe el estado de la sabanilla y cámbiele el pañal.
- **Cierre las cortinas y, cuando vea que el bebé tiene sueño, póngalo en su cuna bien arropado o con los brazos fuera de las mantas, con la habitación a oscuras y la puerta cerrada, como máximo hasta las 12.15 del mediodía.**

12.15 del mediodía-2/2.15 p. m.

- **El bebé necesita una siesta de cómo máximo dos horas a partir de que se haya dormido.**
- Lave y esterilice los biberones y el material para extraer la leche.

2.15 p. m.

- **El bebé debe estar despierto y alimentado antes de las 2.30, independientemente de cuánto tiempo haya dormido.**
- Abra las cortinas, quítele las mantas y déjelo despertar naturalmente. Cámbiele el pañal.
- Ofrézcale una toma de ambos pechos o un biberón completo.
- **No alimente a su bebé después de las 3.15 p. m., pues afectaría a la siguiente toma.**

4.15 p. m.

- Cambie el pañal del bebé y ofrézcale una bebida de agua hervida templada o un zumo muy diluido no más tarde de las 4.30 p. m.

5.15 p. m.

- Déjelo patalear un buen rato sobre la colchoneta sin su pañal mientras prepara lo que necesita para bañar al bebé.

5.30 p. m.

- El baño del bebé no debería demorarse más allá de las 5.30 p. m., y a las 6 p. m. debería estar masajeado y vestido.

6 p. m.

- **El bebé no debería comer más tarde de las 6 p. m.**
- Debe mamar de ambos pechos o tomar un biberón completo antes de tomar el arroz o puré de fruta.
- Baje la intensidad de las luces y siéntelo en su silla unos 10 minutos mientras usted recoge la habitación

7 p. m.

• **Cuando tenga sueño, póngalo en su cuna parcialmente arropado, con la habitación a oscuras y la puerta cerrada, no más tarde de las 7 p. m.**

Cambios que se deben introducir en el programas de actividades de los cinco a los seis meses

Sueño

Su bebé debería seguir durmiendo bien entre las 7 p. m. y las 7 a. m. Si empieza a despertarse por la noche, compruebe si se destapa en la cuna y si es así puede empezar a utilizar un saco de dormir. La siesta del mediodía se debería postergar hasta las 12.15 p. m., y si no duerme bien las dos horas que necesita al mediodía, recorte la siesta de la mañana.

Alimentación

Cuando el bebé ya tome sólidos a las 11.30 a. m. y a las 6 p. m., introduzca el cereal después de la toma de leche de las 7 a. m. y siga dándole primero la leche durante el desayuno. Cuando tome sólidos para desayunar, la hora del almuerzo debería pasarse a las 11.30 a. m. El sistema de superposición de alimentos debe comenzar a aplicarse ahora: se trata de alternar los alimentos sólidos y la leche durante una toma. Al final de los seis meses debería tomar más sólidos que leche a las 11.30 a. m. Una vez que lo haga quizá necesite aumentar la toma de las 2.30 p. m.

Desarrollo y tiempo social

Su bebé debería pasar más tiempo boca abajo en el suelo para que empiece a gatear. Seguramente disfrutará si lo colocan en un columpio para bebés de los que cuelgan del marco de la puerta y en los que puede saltar; quizá sea capaz de pasar ratos sentado sin ayuda rodeado de cojines. Es capaz de coger y jugar con pequeños sonajeros durante breves periodos de tiempo.

James: cinco meses y medio

James tenía cinco meses y medio cuando su madre me llamó, porque tanto ella como su marido estaban mental y físicamente agotados. James se dormía a las 7 p. m., pero se despertaba varias veces y en ocasiones permanecía despierto por espacio de dos horas. No conseguían calmarlo con la comida, con paseos y ni siquiera acunándolo. Tomaba biberones de 1.440 ml de leche maternizada, rechazaba los alimentos sólidos, y jamás dormía entre las 7 a. m. y las 7 p. m.

Se trataba de un caso particularmente inusual. Normalmente la causa principal de que un niño se despierte repetidamente por la noche cuando tiene más de tres meses es que duerme demasiado durante el día. Este no era el caso de James, que se convirtió en un verdadero desafío. Lo observé durante 24 horas antes de decidir qué hacer. Por increíble que parezca, nunca dormía durante el día, y lo que es más sorprendente no estaba agotado ni excitado como correspondería a un bebé de su edad que no duerme lo suficiente. Sin embargo, demandaba constante atención y entretenimiento, lo que resultaba agotador para la pobre madre, que había estado despierta casi toda la noche.

James tomaba bien un biberón de 240 ml de leche maternizada, pero se ponía hecho una furia cada vez que se le ofrecía una cucharada de alimentos sólidos. Sugerí que le diéramos la mitad del biberón a las 6 p. m. y luego los sólidos, pero la reacción fue la misma: se puso furioso y no dejó de llorar hasta que lo dejamos terminar el biberón de 240 ml. Luego lo bañamos y lo pusimos a dormir y se quedó dormido sin problemas a las 7 p. m., tal como había anunciado su madre. A las 10.30 p. m. lo desperté para su última toma, tomó rápidamente 210 ml, eructó y se volvió a dormir.

Esa noche los padres tomaron una píldora para dormir y un vaso de vino y se fueron a la planta alta para descansar. Como James «dormía como un bebé» en la habitación contigua a la mía, llegue a la conclusión de que el único problema consistía en que James era un adicto a la leche y que tenía unos padres muy neuróticos. Estaba convencida de que con mi experiencia resolvería rápidamente el problema. A la 1 a. m. comenzó a llorar, pero como me costaba creer que pudiera tener hambre, intenté calmarlo con unas caricias y un poco de agua hervida templada. Tardé unos 40 minutos en conseguir que se durmiera solo para despertarme con el más horrendo chillido una hora y media más tarde. Ya no pude apaciguarlo con agua y mimos y el niño gritaba y pataleaba de tal forma que pensé que podía darle un ataque. Todo mi lógica se fue al garete; supuse que a lo mejor tenía hambre y le ofrecí un biberón de 240 ml, que tomó rápidamente. Le cambié el pañal y lo devolví a su cuna donde gorjeó y habló consigo mismo durante 30 minutos antes de dormirse a las 4 a. m. Se despertó otra vez una hora más tarde. Decidí ponerme firme y utilizar el método del llanto controlado. Iba a verlo cada 10 minutos para que se sintiera seguro, pero tardé una hora y diez minutos hasta volver a dormirse a las 6.10 a. m. Luego se despertó cerca de las 7 a. m. con un ánimo muy alegre a pesar de haber estado despierto casi tres horas. El solo hecho de pensar que debía entretenerlo durante las doce horas que tenía por delante, sin que ninguno de los dos pudiera dormir, me llenó de horror. Decidí rápidamente que los padres no eran neuróticos, sino unos verdaderos santos por haber aguantado la situación tanto tiempo.

Ese día resolví que aunque el niño no parecía necesitar dormir durante el día, aplicaría mi programa de actividades para un bebé de cinco a seis meses. Lo acosté por la mañana a las 9 a. m y lloró durante unos 25 minutos antes de dormirse. Luego tuve que despertarlo a las 10 a. m. Volví a acostarlo a las doce del mediodía y una vez más lloró 25 minutos y se despertó llorando 45 minutos más tarde cuando pasó de un estado de sueño profundo a uno ligero. Lloró intermitentemente durante otros 45 minutos antes de dormirse a las

2 p. m. Aunque resultaba tentador dejarlo dormir más allá de las 2.30 p. m., por propia experiencia sabía cuán importante es no dejar que un bebé duerma saltándose un horario de comidas, pues la organización de la alimentación durante los primeros meses juega un papel muy importante en los ciclos del sueño de los bebés. Se mantuvo despierto hasta las 4.45 p. m., momento en el cual se echó una cabezada de 15 minutos mientras lo llevé a dar un paseo. Seguimos el mismo ritual a la hora del baño y se durmió felizmente a las 7 p. m. Igual que la noche anterior, le di una toma a las 11 p. m., tras la cual pronto se quedó dormido.

Se despertó alrededor de la 1 a. m., y yo resolví seguir aplicando el método del llanto controlado, ya que la primera vez que se despertaba por la noche se debía más a un hábito que al hambre. Fui a verlo cada 15 ó 20 minutos y, como la noche anterior, tardé 45 minutos en calmarlo.

Volvió a despertarse a las 3 a. m. y esta vez me llevó unos 30 minutos serenarlo. Cuando volvió a despertarse otra vez a las 5 a. m., pensé que tras haber pasado más de seis horas por primera vez sin comer podría tener hambre y le di un biberón de 210 ml que tomó rápidamente, pero sin embargo no se calmó hasta las 6.15 a. m. Volvió a despertarse a las 7 a. m. en punto. Los días y las noches siguientes fueron similares durante toda una semana, sin ningún signo de mejoría. Yo empezaba a desesperarme, y los padres ya lo estaban. El método de inducción al sueño que me había dado buenos resultados con muchos otros bebés no era efectivo. De modo que sugerí a la madre que no acudiéramos a verlo cuando empezara a llorar, a menos que tuviera dificultades.

Se despertó a la 1 a. m. en punto, y estaba sumamente enfadado; no se rindió durante una hora. Finalmente se calló, pero solo para volver a llorar una hora más tarde. Así continuó una y otra vez hasta las 5 a. m. Y en esa ocasión durmió hasta las 7 a. m., cuando lo desperté para intentar mantener el ritmo de su sueño diurno. Ese día presenciamos un gran adelanto; solo se quejó unos minutos antes de dormir la siesta y al mediodía se despertó un rato y se durmió otra vez. Acordamos que la próxima noche actuaríamos del mismo modo. Se despertó dos veces y durante 40 minutos cada vez. Pero se dormía solo. Durante los tres días siguientes mantuve con firmeza el programa de actividades y no acudía a su lado cuando se despertaba durante las siestas o por la noche. Cada día y cada noche disminuían los llantos, y a la cuarta noche comió a las 11 p. m. y durmió hasta las 7 a. m.

Habiendo triunfado con el problema del dormir, la madre de James me pidió que me quedara otra semana para ayudarla con su alimentación. Debo admitir que no tenía mucha confianza, puesto que el bebé era muy exigente, pero en el fondo sabía que si no se resolvía el problema de que James rechazara los sólidos, volvería a surgir el problema del sueño. Accedí a quedarme una semana más, pero con la condición de no tener que entretenerlo cada vez que se despertaba.

Al no darle leche por la noche había reducido su ingesta diaria a unos 1.100 ml, pero sabía que para que se interesara en los sólidos era preciso disminuir aún más su ración de leche hasta llega a los 960 ml. No me inclinaba a reducir la toma de las 10.30 p. m. todavía, pues temía que volviera a despertarse por la noche. Finalmente, reduje la toma de las 2.30 p. m. a 120 ml. El bebé tenía tanta hambre en la toma de las 6 p. m. que tomó 240 ml en diez minutos y una pequeña cantidad de arroz para bebés mezclado con 30 ml de leche maternizada. Normalmente suelo introducir el arroz en la toma de las 11 a. m. Pero como James tenía que estar realmente hambriento para aceptar el arroz, seguí aumentando la cantidad de arroz en la toma de las 6 p. m.

Tras cuatro o cinco días de aumentar gradualmente la cantidad de arroz y darle un poco de papilla de pera a las 6 p. m., comenzó a reducir la toma de las 10.30 p. m. Al final de la semana solo tomaba 60 ml de leche maternizada en esa toma y aún dormía sin despertarse hasta las 7 a. m. Eso me hizo recuperar la confianza para eliminar la toma de las 10.30 p. m., y de este modo aumentar su apetito durante el día e introducir un poco de papilla de vegetales después del biberón de las 11 a. m.

La última semana pasé horas cocinando y haciendo papilla con tres kilos y medios de frutas y vegetales, sintiéndome optimista ante la idea de que James llegaría a disfrutar de esta comida. También era una forma perfecta para abstenerme de levantarlo en brazos cada vez que lloraba. Con una pequeña ayuda de Madonna y de Mozart aprendió a rodar, jugar y a patalear alegremente en el suelo.

Años más tarde, su madre me ha informado que hoy es un niño satisfecho y alegre que duerme bien y tiene una dieta variada y sana. Esos primeros traumáticos seis meses se podía haber evitado si la inocente madre no hubiera sido mal aconsejada por una joven enfermera de la maternidad que había afirmado que alimentar al bebé según lo demandara era el mejor de los métodos, y que el bebé debía encontrar su propio ritmo de sueño.

Programa de actividades para un bebé de seis a nueve meses alimentado con lactancia materna

Horario de las comidas	Horario de las siestas entre las 7 a. m. y las 7 p. m.
7 a. m.	9 a. m-9.30/9.45 a. m.
11.45 a. m.	12.30 p. m.– 2.30 p. m.
2.30 p. m.`	
5 p. m.	
6.30 p. m.	3 horas de sueño durante el día como máximo

7 a. m.

- **Se debe despertar al bebé, cambiarle el pañal y alimentarlo no más tarde de las 7 a. m.**
- Debe mamar de los dos pechos o tomar un biberón completo seguido de una pequeña cantidad de cereales mezclados con leche de la madre o maternizada.
- Debe permanecer despierto durante dos horas.

8 a. m.

- Estimule al bebé para que juegue y haga ejercicio solo en su colchoneta durante 20-30 minutos.
- Lave y vista al bebé, untándole con crema todos los pliegues de su piel y las zonas en que esta esté seca.

9 a. m

- **Cuando el bebé esté adormilado, colóquelo en su saco de dormir (véase la página 176), a oscuras y con la puerta cerrada, no más tarde de las 9 a. m.**
- Necesita dormir como máximo 45 minutos.

9.30/9.45 a. m.

- Abra las cortinas y retire las mantas para que el bebé se despierte naturalmente.

10 a. m.

- **El bebé debe estar completamente despierto, independientemente de cuánto tiempo haya dormido.**
- Estimúlelo para que juegue y haga ejercicio solo o llévelo a dar un paseo.

11.45 a. m.

- Ofrézcale al bebé los alimentos sólidos antes de darle una bebida de agua hervida templada o zumo muy diluido de una taza, luego alterne los sólidos con la bebida.
- Siéntelo en su silla mientras usted recoge los platos.

12.20 a. m.

- Compruebe el estado de la sabanilla y cámbiele el pañal.
- **Cierre las cortinas y, cuando vea que el bebé tiene sueño, póngalo en su saco de dormir, con la habitación a oscuras y la puerta cerrada, como máximo hasta las 12.30 del mediodía.**

12.30 p. m.-2.30 p. m.

- **El bebé necesita una siesta de cómo máximo dos horas a partir de que se haya dormido.**
- Si ha dormido los 45 minutos, quizá duerma menos a esta hora.

2.30 p. m.

- **El bebé debe estar despierto y alimentado antes de las 2.30, independientemente de cuánto tiempo haya dormido.**
- Abra las cortinas, quítele las mantas y déjelo despertar naturalmente. Cámbiele el pañal.
- Ofrézcale una toma de ambos pechos o un biberón completo.
- **No alimente a su bebé después de las 3.15 p. m., pues afectaría a la siguiente toma.**

4.15 p. m.

- Cambie el pañal del bebé y ofrézcale una bebida de agua hervida templada o un zumo muy diluido no más tarde de las 4.30 p. m.

5 p. m.

- Ofrézcale los alimentos sólidos antes de darle una pequeña cantidad de agua con una taza. Es importante que haga una buena toma de leche antes de irse a dormir, de modo que debe beber lo mínimo en este momento.

6 p. m.

- El baño del bebé no debería demorarse más allá de las 6 p. m., y a las 6.30 p. m. ya debería estar masajeado y vestido.

6.30 p. m.

- **El bebé no debería comer más tarde de las 6.30 p. m.** Debe mamar de ambos pechos o tomar un biberón de 210 ml.

- Baje la intensidad de las luces y siéntelo en su silla unos 10 minutos mientras usted recoge la habitación

7 p. m.

- **Cuando tenga sueño, póngalo en su cuna con la habitación a oscuras y la puerta cerrada, no más tarde de las 7 p. m.**

Cambios que se deben introducir en el programas de actividades de los seis a los nueve meses

Sueño

Algunos bebés duermen menos durante la siesta de la mañana y pueden necesitar dormir más tarde, pero no más de las 9.30 a. m. Si su bebé aún no utiliza un saco de dormir, introdúzcalo ahora. El bebé también puede empezar a rodar sobre su cuerpo y acaso prefiera dormir boca abajo.

Alimentación

Cuando se introducen las proteínas en la comida del mediodía, se debe suprimir la leche por una bebida de agua o zumo muy diluido en una taza. Una vez que el bebé abandone la toma de leche del mediodía posiblemente deba aumentarle la toma de las 2.30 p. m. Se debería intentar que tomara la mayoría de sus bebidas de una taza.

Desarrollo y tiempo social

Es la etapa en que algunos bebés comienzan a gatear, y una forma de estimularlos es colocar algunos juguetes en un sitio que puedan ver, pero ligeramente fuera de su alcance.

Su bebé puede ser capaz de permanecer sentado sin apoyos a ratos y comenzará a desarrollar el movimiento de pinza, es decir, utilizar el pulgar y el índice para coger objetos pequeños. Se unirá a una conversación con gritos y gorjeos y disfrutará de las canciones que inviten a la acción. También es tiempo de la dentición y se llevará todo a la boca. Puede comprarle un cepillo de dientes y empezar a limpiárselos por la mañana y a la hora de acostarse. Contrariamente a lo que se afirma, la aparición de los dientes no debería causar trastornos del sueño ni malestar estomacal.

Eliza y Emily: seis meses

Estas gemelas sufrieron un eccema muy virulento y sus mejillas incluso a veces sangraban. Tenía una apariencia tan desagradable que parecía una quemadura con hierro candente. La madre también tenía un fuerte eccema y estaba desesperada por paliar el dolor que sabía podía causarles a las niñas. Por lo tanto, les dio a ambas el pecho exclusivamente durante seis meses, con la esperanza de que fuera útil.

Cuando los bebés comenzaron a tomar sólidos, buscó el mejor consejo posible de destacados nutricionistas y dermatólogos. Cuando la conocí, estaba física y mentalmente agotada porque les daba el pecho noche y día y había decidido renunciar a hacerlo. Apoyé su decisión puesto que el eccema tenía tan mal aspecto que no creí que la leche maternizada pudiera empeorarlo, y además, para ser realistas, no creo que ningún ser humano sea capaz de seguir sobreviviendo con lo poco que dormían ella y su marido. Sin embargo, había un gran problema: ninguna de las gemelas aceptaba el biberón.

Por mi experiencia sabía que se trataba de un problema de difícil solución. Lo único que había a nuestro favor era la edad de las gemelas, pues ya podía pasar un tiempo razonable sin el pecho. Acepté trasladarme a su pequeño apartamento de un dormitorio a condición de que la madre no diera el pecho a ninguna de las dos niñas a partir de las 11 a. m. de ese día. Llegué a las 6 p. m. cuando ambas estaban llorando a mares, ya que estaban acostumbradas a comer cada dos o tres horas. La madre había seguido mis instrucciones y de inmediato intentamos alimentarlas con un biberón que contenía la leche de la madre. Eliza rechazó el biberón, pero conseguimos que tomara una pequeña cantidad de leche. Emily lloró y gritó tanto que no tomó nada. Advertí que tenía una noche muy dura por delante y sugerí a la madre que dejáramos a Eliza mamar el resto de su leche del pecho materno. Afortunadamente se durmió durante unas horas, permitiéndome dedicarme a Emily, que suponía iba a ser el mayor desafío.

Pusimos a los bebés en la cuna a las 7 p. m. y le pedí a la madre que me contara las modificaciones que había introducido en la alimentación. El consejo recibido del dietista era excelente. Mi única objeción era que no se había organizado el horario de las tomas. Esto, además de la irritación causada por el eccema, parecía la razón principal para que las niñas se despertaran. Estaba convencida de que esa madre exhausta no podía producir suficiente leche para que ambas durmieran toda la noche.

Eliza durmió hasta las 3 a. m., y a esa hora con un poco de insistencia logré que tomara 90 ml de leche maternizada. Volvió a dormirse hasta las 6.30 a. m. Emily era un problema más difícil, porque no había tomado nada de leche desde las 2 p. m. y había estado muy inquieta toda la noche. Me preocupaba que se deshidratara, por lo que le introduje leche con una cuchara en la boca todas las veces que se despertó, que fue prácticamente cada hora. A las 5 a. m. de la mañana siguiente solo había ingerido 180 ml de leche desde su última toma de pecho a las 2 p. m. del día anterior. Sabía que si no tomaba una cantidad razonable de leche con el biberón muy pronto, tendría que rendirme y dejarla tomar del pecho. Le di un chupete para que se calmara mientras yo calentaba el biberón, pero estaba tan cansada que se adormeció. Cuando la leche estaba a la temperatura indicada, reemplacé rápidamente el chupete por el biberón y tomó 210 ml sin detenerse. Yo estaba preocupada por si lo vomitaba, de modo que la sostuve con la espalda recta en mis brazos hasta las 6.30 a. m., momento en que se despertó Eliza

Tanto la madre como yo coincidimos en que ahora que Emily había tomado un biberón completo era mejor que siguiera alimentándose con biberón y no volver a darle el pecho. Ninguna de las dos nos sentíamos fuertes como para volver a pasar por otra noche así; la salud familiar en su conjunto dependía de que los padres y las niñas durmieran. En esta etapa la madre no podía siquiera considerar seguir adelante con la lactancia, de modo que había que reducir progresivamente la producción de leche. Ahora que sabíamos cómo había reaccionado cada bebé frente al biberón, concluimos que sería más fácil permitir que Eliza disminuyera la producción de leche, pasando gradualmente del pecho al biberón. Si se permitía a Emily coger el pecho otra vez, podría resultar aún más difícil persuadirla de que aceptara el biberón.

Al final de la primer semana Emily hacia tres tomas de biberón al día y aceptaba alegremente la taza al mediodía. Eliza hacia una toma de pecho por la mañana y otra por la tarde. También aceptaba de buen grado la taza al mediodía y un pequeño biberón de leche maternizada en la toma de las 2.30 p. m. Como suelo hacer con todos mis bebés, reduje la toma de las 2.30 p. m. para estar segura de que ambas comerían bien a las 6 p. m. Ofrecerle al bebé una toma grande a las 2.30 p. m. o alimentarlo más tarde de esa hora son dos causas fundamentales en la mayoría de los problemas de sueño y de alimentación.

La producción de leche de la madre disminuyó muy rápidamente, y yo estaba convencida que probablemente no había producido leche suficiente a las 6 p. m. para satisfacer a las dos niñas. Ellas estaban encaminadas en una nueva alimentación que incluía los sólidos, y pensé que ya era hora de solucionar el tema de que se despertaran por la noche, lo que hacían normalmente alrededor de las 3 a. m. Como la alimentación diurna había mejorado, por la noche se les cambió al agua azucarada por agua hervida templada. Normalmente Emily se despertaba primero, y estoy segura de que su llanto despertaba a Eliza. En la décima noche decidí que las dejaría que volvieran a dormirse solas. Emily se despertó a las 3 a. m. en punto, y a su llanto pronto se unió el de Eliza. Ambas llo-

raron intermitentemente durante más de una hora antes de calmarse y volverse a dormir hasta las 6.40 a. m. La segunda noche Emily volvió a despertarse a las 3 a. m., pero se durmió otra vez a los 25 minutos. Eliza se movió en su cuna al escuchar a Emily pero no se despertó y tuvimos que despertar a ambos bebés a las 7 a. m. La tercera noche ambas durmieron hasta las 7 a. m. Las escuché moverse en la cuna entre las 3 y las 4 a. m., pero ninguna lloró.

Siguieron durmiendo bien por las noches, pero resultó más difícil solucionar el tema de la siesta del mediodía. Nos llevó más de un mes establecer un buen ritmo de sueño a esa hora, ya que ambas se despertaban llorando cuando caían en un sueño ligero, 45 minutos después de irse a dormir. Finalmente, convencí a la madre que colocara una tela en la ventana para oscurecer la habitación, pues la luz se filtraba a través de la persiana. Fue de gran ayuda, y aunque siguieron despertándose, volvían a dormirse enseguida.

Me complace afirmar que al cabo de un mes también se observó una ligera mejoría en su eccema. Cinco años más tarde ambas niñas duermen bien. Aún sufren de eccema, pero la madre intenta controlarlo mediante cremas, vigilando la dieta y asegurándose de que la ropa de cama no tiene ácaros.

Programa de actividades para un bebé de nueve a doce meses alimentado con lactancia materna

Horario de las comidas	Horario de las siestas entre las 7 a. m. y las 7 p. m.
7 a. m.	9 a. m-9.30-9.45 a. m.
11.45 a. m.	12.30 p. m-2.30 p. m.
2.30 p. m.	
5 p. m.	
6.30 p. m.	**3 horas de sueño durante el día como máximo**

7 a. m.

- **Se debe despertar al bebé, cambiarle el pañal y alimentarlo no más tarde de las 7 a. m.**
- Debe mamar de los dos pechos o tomar leche maternizada de una taza y a continuación una pequeña cantidad de cereales mezclados con leche de la madre o maternizada.
- Debe permanecer despierto durante dos horas.

8 a. m.

- Estimule al bebé para que juegue y haga ejercicio solo en su colchoneta durante 20-30 minutos.
- Lave y vista al bebé, untándole con crema todos los pliegues de su piel y las zonas en que esta esté seca.

9 a. m

- **Cuando el bebé esté adormilado, llévelo a su habitación y déjelo allí a oscuras y con la puerta cerrada, no más tarde de las 9.30 a. m.** Necesita dormir entre 30 y 45 minutos.

9.30-9.45 a. m.

• Abra las cortinas y retire las mantas para que el bebé se despierte naturalmente.

10 a. m.

• **El bebé debe estar completamente despierto, independientemente de cuánto tiempo haya dormido.**
• Estimúlelo para que juegue y haga ejercicio solo o llévelo a dar un paseo.

11.45 a. m.

• Ofrézcale al bebé los alimentos sólidos antes de darle una bebida de agua hervida templada o zumo muy diluido de una taza, luego alterne los sólidos con la bebida.
• Siéntelo en su silla mientras usted recoge los platos.

12.20 a. m.

• Compruebe el estado de la sabanilla y cámbiele el pañal.
• **Cierre las cortinas y, cuando vea que el bebé tiene sueño, llévelo a su habitación para que duerma a oscuras y con la puerta cerrada, como máximo hasta las 12.30 del mediodía.**

12.30 p. m.-2.30 p. m.

• **El bebé necesita una siesta de cómo máximo dos horas a partir de que se haya dormido.**
• Si ha dormido 45 minutos, quizá necesite dormir menos a esta hora.

2.30 p. m.

- **El bebé debe estar despierto y alimentado antes de las 2.30, independientemente de cuánto tiempo haya dormido.**
- Abra las cortinas y déjelo despertar naturalmente. Cámbiele el pañal.
- Ofrézcale una toma de ambos pechos o una taza agua, zumo de frutas bien diluido o leche.
- **No alimente a su bebé después de las 3.15 p. m., pues afectaría a la siguiente toma.**

4.15 p. m.

- Cambie el pañal del bebé y ofrézcale una bebida de agua hervida templada o un zumo muy diluido no más tarde de las 4.30 p. m.

5 p. m.

- Ofrézcale los alimentos sólidos antes de darle una pequeña cantidad de agua o leche con una taza. Es importante que haga una buena toma de leche antes de irse a dormir, de modo que debe beber lo mínimo en este momento.

6 p. m.

- El baño del bebé no debería demorarse más allá de las 6 p. m., y a las 6.30 p. m. ya debería estar masajeado y vestido.

6.30 p. m.

- **El bebé no debería comer más tarde de las 6.30 p. m.**
- Debe mamar de ambos pechos o tomar un biberón de 210 ml., que con el tiempo se reducirá a 150-180 ml cuando se introduzca la taza al año de edad

- Baje la intensidad de las luces y siéntelo en su silla unos 10 minutos mientras usted recoge la habitación

7 p. m.

- Cuando tenga sueño, póngalo en su cuna, con la habitación a oscuras y la puerta cerrada, no más tarde de las 7 p. m.

Cambios que se deben introducir en el programas de actividades de los nueve a los doce meses

Sueño

Algunos bebés recortan su siesta matutina y necesitan dormir un poco más tarde, pero no más allá de las 9.30 a. m. Es posible que su bebé empiece a rodar sobre sí mismo y que prefiera dormir boca abajo.

Alimentación

Cuando se introducen las proteínas al mediodía se debe sustituir la leche por una bebida de agua o zumo muy diluido ofrecido en una taza. Si el bebé comienza a reducir su última toma de leche, disminuya o elimine la toma de las 2.30 p. m. Muchos bebés eliminan esta toma al año de edad. Debería comer ya la mayoría de las comidas y también ser capaz de alimentarse solo en algún momento. Al año debería beber todos sus líquidos de una taza.

Desarrollo y tiempo social

A esta edad casi todos los bebés son capaces de ponerse de pie, cogiéndose de las barras de la cuna o de los muebles. Entre los nueve y los doce meses andará si se lo sostiene de las manos; algunos bebés pueden dar incluso algunos pasos sin ayuda. Empezará a hablar con palabras como «mamá», «papá», zumo», «libro», etc. Y sus juegos favoritos serán vaciar y llenar cosas y tirar los objetos.

Lucy: nueve meses

Lucy era la tercera hija del matrimonio y se alimentaba solo de leche materna. No se dormía bien a las 7 p. m., y normalmente le llevaba tres horas dormirse, en el transcurso de las cuales había que alimentarla y acunarla. Luego se despertaba varias veces por la noche y necesitaba que la pusieran al pecho para volver a dormir. Acepté instalarme en la casa durante seis días con la condición de que la madre estuviera preparada para soportar el llanto controlado. También insistí en que le diera un biberón de leche maternizada a las 7 p. m. en vez del pecho, pues suponía que no estaba tomando lo suficiente en esa toma. Con dificultad la madre aceptó el requisito.

La primer noche tomó 210 ml de leche maternizada y se durmió bien a las 7.30 p. m. A las 8.15 p. m. entró en un sueño ligero y lloriqueó una y otra vez durante 10 minutos. La madre se mostró muy ansiosa e insistió en que fuéramos a ver si estaba bien; yo acepté porque quería ver cómo resolvía normalmente esta madre la situación. Al entrar en la habitación encendió la luz, y como Lucy estaba durmiendo boca abajo, la colocó nuevamente sobre su espalda. Le expliqué que un bebé de su edad debía dormir en la posición que le resultara más cómoda. Ella estaba muy preocupada por la muerte súbita, pero accedió a que Lucy durmiera boca abajo cuando leyó un artículo de la Fundación de la Muerte Súbita.

Aseguré a la madre que como Lucy estaba bien alimentada, cuando se despertara por la noche la calmaría con agua. El bebé se movió varias veces en su cuna, protestando pero sin llorar. Fue necesario despertarla a las 7 a. m. Y como no había estado mamando una y otra vez por la noche, disfrutó de una toma muy abundante de pecho. Expliqué a la madre que a los nueve meses no era necesario darle el pecho al mediodía, pues la toma de leche se podía sustituir dándole a Lucy una taza de agua o de zumo de frutas diluido. La nila durmió bien después de esta comida y tomó nuevamente el pecho a las 2.30 p. m. Sabía que la madre estaba muy dispuesta a continuar con la lactancia, de modo que le sugerí que le ofreciera ambos pechos después de tomar ella el té a las 5 p. m. Sin embargo, me pareció importante dar a Lucy un suplemento de leche maternizada a la hora de acostarse.

Igual que la noche anterior, tomó 210 ml de leche maternizada y se durmió bien. Se revolvió varias veces en la cuna, protestando pero sin llorar. Durante mi estadía de seis noches en aquella casa jamás tuve que atenderla por las noches, pues dormía desde las 7.30 p. m. hasta las 7 a. m.

Además de que su madre obviamente no producía suficiente leche para satisfacer a Lucy a las 7 p. m., creo que la niña se despertaba por la noche debido a que su madre corría a verla cada vez que cogía un sueño ligero y protestaba. Lucy prefería dormir boca abajo y se daba la vuelta cada vez que cogía el sueño ligero. Al cambiarla de posición, la madre la despertaba y luego debía calmarla dándole el pecho para que volviera a dormirse.

6

Introducción de los alimentos sólidos

Cómo destetar a su bebé

En qué momento comenzar el destete

DESPUÉS DEL SUEÑO, el destete es probablemente el tema más emotivo en el cuidado del bebé. Entre los dos y los tres meses, justo cuando usted comienza a observar un ritmo regular de sueño y alimentación, alguien introducirá el tema del destete. Alrededor de esta edad casi todos los bebés descubren sus manos. Esto puede conducir a que se las chupen o mordisqueen constantemente y a que babeen. Los abuelos y los amigos bien intencionados le dirán que el bebé tiene hambre y que no se satisface solo con leche. Aunque este es uno de los signos que señalan que el bebé está preparado para el destete, de ningún modo es el único indicador. No se sienta presionada a darle alimentos sólidos a menos que esté convencida de que el bebé lo necesita.

Se necesitan cuatro meses para que los intestinos y los riñones del bebé maduren lo suficiente como para asimilar los productos de desecho de los alimentos sólidos. Si estos se introducen antes de que un bebé tenga las enzimas necesarias para digerir correctamente los alimentos, su sistema digestivo podría resultar dañado. Muchos expertos afirman que el gran incremento de alergias que han sufrido los bebés en los últimos 20 años se debe a un destete precoz. La mayoría advierten que la mejor edad para comenzar el destete es entre los cuatro y los seis meses, y este consejo es respaldado por un informe del

Comité de Aspectos Médicos de la Política Alimentaria (COMA), titulado «El destete y la dieta del destete» (Departamento de Salud/ HMSO), pero el informe reconoce que todos los bebés son diferentes y que algunos probablemente necesiten ser destetados a los tres meses; también se aconseja que es muy importante que no se inicie el destete antes de que la coordinación neuromuscular se haya desarrollado lo suficiente como para que pueda controlar su cuello y su cabeza al estar sentado en una silla para comer. Además, el bebé debe ser capaz de tragar fácilmente la comida, desplazándola desde la parte delantera de la boca a la parte de atrás.

Según el consejo publicado en el informe del COMA y mi propia experiencia, espero que las siguientes sugerencias le ayuden a discernir si su bebé está preparado para el destete. Si tiene cuatro meses y pesa entre cinco kilos y medio y seis kilos y medio, probablemente pueda asimilar una pequeña cantidad de sólidos si muestra constantemente los siguientes signos:

- Si normalmente ha comido bien y ha dormido cuatro horas entre las tomas diurnas, y ahora se muestra muy irritable y se mordisquea las manos alrededor de una hora antes de su siguiente toma.
- Se alimenta con biberón y toma más de 1.140 ml diarios pero parece seguir con hambre después de una toma completa de 240 ml cuatro veces al día.
- Normalmente duerme bien por la noche y también todas las siestas, pero cada vez se despierta más temprano.

Un bebé que pese al nacer cuatro kilos alcanzará probablemente los seis kilos y medio a los tres meses. Si muestra algunos de los signos mencionados, es probable que deba iniciarse el destete.

Bebés alimentados con lactancia materna

Es mucho más difícil saber cuánta leche toma un bebé que se alimenta exclusivamente de leche materna. Si tiene más de cuatro meses y evidencia algunos de los signos mencionados, yo iniciaría el destete.

Si tiene menos de cuatro meses y no aumenta suficiente peso por semana, es posible que su producción de leche sea muy baja por la noche. Es probable que el bebé necesite un suplemento de leche. Le sugiero que intente agregar unos 50 ml de leche maternizada después de la toma de las 10 p. m. Si esto no funciona o si se despierta más de una vez por la noche, yo le daría a las 10 p. m. una toma de biberón completa. Quizá su pareja quiera darle este biberón para que usted se vaya a la cama temprano después de extraerse la leche que tenga a las 9 p. m. para evitar que se pierda. Las madres que atraviesan esta situación, cuando se sacan la leche a menudo descubren que solo tienen 90-120 ml, y esto resulta insuficiente para esta toma del bebé. La leche extraída se le puede ofrecer en otras de las tomas durante el día, evitando así otra toma de biberón.

Generalmente de este modo es posible saciar el hambre del bebé, mejorar el aumento de peso y postergar la introducción de sólidos hasta los cuatro meses.

Primera etapa: de los cuatro a los seis meses

Estudios realizados sobre el destete en la Universidad de Surrey han revelado que los bebés con dietas de alto contenido en fruta pueden mostrar una tendencia a la diarrea, que a su vez conduce a un crecimiento lento. Se aconseja el uso del arroz para bebés como el primer alimento sólido, porque la fruta no es tan bien tolerada por los intestinos aún inmaduros de algunos bebés.

Suelo comenzar el destete introduciendo en la toma de las 11 a. m. una cucharada de papilla orgánica de arroz para bebés con una pequeña cantidad de leche maternizada o leche materna. Me parece mejor ofrecerle primero la leche al bebé, luego el arroz y a continuación el resto de la leche.

Destete: días 1 a 14

Días	Hora	Alimento	Cantidad	Consejo
1-3	11 a. m.	Arroz	1 cuchara de té	Mezclado con leche
4-6	6 p. m.	Arroz	1 cucharada	Aumentar un poco cada día hasta que el bebé tome una cucharada completa
7-9	11 a. m.	Papilla de pera	1 cuchara de té	
	6 p. m	arroz	1-2 cucharadas	Aumentar un poco cada día hasta llegar a dos cucharadas completas
10-12	11 a. m.	Papilla de zanahorias	1 cuchara de té	Continúe dándole primero la leche
	6 p. m.	Arroz más pera	1-2 cucharadas 1-2 cuch. de té	Ofrézcale 200 ml de leche, luego los sólidos y finalmente el resto de la leche
13-14	11 p. m.	Papilla de manzana	1-2 cuch. de té	La leche debe tomarla primero
	6 p. m.	Arroz más pera	2-3 cucharadas 2-3 cuch. de té	Aumente gradualmente hasta 3 cucharadas de arroz y una ración pequeña de pera

A los 14 días debe tomar una pequeña porción de papilla de zanahorias al mediodía y hasta tres cucharadas de arroz para bebés más una pequeña cantidad de papilla de peras a las 6 p. m. Debe continuar tomando primero casi toda la leche, al menos 210 ml antes de los sólidos.

Introduzca una fruta al mediodía, una manzana o un melocotón. Después de tres días ofrézcale la fruta en la cena e introduzca un puré de boniatos con la zanahoria en la comida del mediodía durante otros tres días.

Comience a alternar la fruta por la noche. A partir de ahora introduzca un nuevo vegetal cada tres días en la comida del mediodía, alternando con los que ya consume.

Nota: Para evitar que el bebé padezca desórdenes digestivos, se deben introducir los alimentos nuevos cada tres días.

Es esencial recordar que la leche es aún el alimento más importante. Si se la reemplaza demasiado rápidamente con alimentos sólidos, privará al bebé del equilibrio perfecto de las vitaminas y los minerales que ofrece la leche. Con el método mencionado, durante el primer mes del destete usted sabrá que toma exactamente la cantidad de sólidos que necesita sin prescindir del valor nutritivo de la leche.

Una vez que el bebé tome regularmente el arroz a las 11 a. m. y no haya ningún inconveniente, ofrézcale el arroz a las 6 p. m. Luego suelo introducir una cucharada de pera orgánica después de la toma de las 11 a. m. Si la tolera, a los tres días mezclo la pera con el arroz en la toma de las 6 p. m. Esto hace que el arroz sea más apetecible y evita que el bebé se estriña. Comienzo a introducir fruta y vegetales orgánicos después de la toma de las 11 a. m. Estoy convencida de que el motivo por el que casi todos los bebés desarrollan una apetencia por los dulces es debido a que les ofrecen más vegetales que fruta en los inicios del destete. Los vegetales que prefieren la mayoría de los niños son las zanahorias, los boniatos, las judías verdes, los calabacines o los nabos.

Otros alimentos

Gillian Harris, un psicólogo clínico que ha estudiado el destete, afirma que los bebés a quienes se ofrece una variedad de alimentos que no producen alergias desde la edad de cuatro meses aceptarán una mayor variedad de alimentos al año de edad que los que tuvieron una dieta restringida. Estoy de acuerdo con él, pues he descubierto que los bebés que toman excesiva cantidad de leche entre los cuatro y los seis meses y no se los estimula para que prueben alimentos sólidos terminan siendo muy caprichosos para comer.

Entre los cinco y los seis meses los bebés que han empezado el destete a los cuatro meses ya deberían haber probado los cereales y una variedad de vegetales y frutas de los que se mencionan en la primera etapa (ver pág. 200). Es necesario hacer papillas con los alimentos, aunque ya no deben ser tan finas, pues de este modo se prepara al bebé para los purés de los seis meses.

No se debe introducir la carne, el pollo ni el pescado hasta que el bebé pueda digerir sin problemas cantidades razonables de otros alimentos. Algunos nutricionistas consideran que las proteínas puede suponer un esfuerzo para el tracto digestivo y los riñones del bebé. Estoy de acuerdo, pues a menudo he observado problemas por haber introducido demasiado pronto la carne, el pescado o el pollo en la dieta del bebé. Un bebé muy grande debería empezar a tomar proteínas alrededor de los cinco meses, pero, para la mayoría, la mejor edad es a los seis meses.

Los productos lácteos, el trigo, los huevos, los frutos secos y los cítricos aún se deben evitar, pues pueden producir alergias. La sal no se debe incluir, y el azúcar se debe utilizar solo en pequeñas cantidades cuando la fruta es muy ácida. La miel no debe introducirse hasta el año de vida.

Desayuno

Un bebé está preparado para empezar a desayunar cuando muestre signos de hambre mucho antes de su toma de las 11 a. m. Esto normalmente sucede entre los cinco y los seis meses. El cereal que tome el bebé debe ser trigo y libre de gluten hasta los seis meses. Creo que el cereal preferido de casi todos los bebés es la harina de avena orgánica con una pequeña cantidad de papilla de frutas.

Debería ofrecerle a su bebé siempre la leche en primer lugar; tras dos semanas ofrézcale dos tercios de la leche, luego el cereal y finalmente el resto de la leche. Si su bebé tiene seis mese y no parece querer desayunar, sería aconsejable disminuir ligeramente la toma de leche y ofrecerle un poco de alimentos sólidos.

Requisitos diarios

A los seis meses la mayoría de los bebés disfrutan de dos comidas al día y están encaminados a tomar una tercera. Si su bebé no muestra mucho interés por los alimentos sólidos pero toma mucha leche, sería conveniente recortar su toma del mediodía para animarlo a tomar otros alimentos. Algunos bebés se aficionan a la leche y odian sentir la cuchara en su boca, rechazando también los alimentos sólidos.

Su bebé necesita un mínimo de 600 ml de leche materna o de leche maternizada al día.

Molly: seis meses

Molly tenía dificultades para dormirse por la noche y además se despertaba dos o tres veces. Tomaba muy poca leche y chillaba cuando le ofrecían alimentos sólidos. Como pesaba poco para su edad, a los cinco meses la ingresaron en un hospital para hacerle pruebas con el fin de encontrar la causa de sus problemas de alimentación y de sueño. Se confirmó que no había ningún problema fisiológico, pero debido a su bajo peso se aconsejó a los padres que siguieran alimentándola con frecuencia, en pequeñas cantidades y según la niña lo requiriera. Según ellos, la niña «acabaría por organizase». Es un buen consejo cuando no eres tú el que está privado de sueño noche tras noche intentando cuidar de un bebé quejumbroso y un niño pequeño durante el día.

Como de costumbre, el primer día me dediqué a observar a la mamá y al bebé. Debido a las noches interrumpidas, Molly normalmente empezaba el día a las 8.30 a. m. Tomaba alrededor de 90 ml de leche maternizada y una pequeña cantidad de cereales para el desayuno. Luego permanecía despierta al menos cuatro horas, generalmente quejándose o lloriqueando, y tenía que estar en brazos la mayor parte del tiempo. A las 11 a. m. tomaba otro biberón y luego un poco de estofado de ternera o pollo a la cacerola. Con el desayuno tomaba solo 60 ml de leche y unas pocas cucharadas de alimentos sólidos antes de empezar a chillar. Sufría de estreñimiento desde el destete que había tenido lugar a los tres meses.

Su madre generalmente terminaba metiendo el coche de la niña en la cocina y moviéndolo hasta que se durmiera. Molly nunca había dormido más de una hora en este momento del día y normalmente se despertaba llorando. Su madre, que estaba preocupada porque Molly tomaba poca leche, en cuanto la niña se despertaba le ofrecía un biberón de leche maternizada. Esta era su mejor comida del día, pues tomaba unos 180 ml y luego se quedaba profundamente dormida al menos dos horas.

Su hermana mayor llegaba a casa del colegio y ayudaba a mantener entretenida a Molly mientras la madre preparaba la merienda para ambas. A las 4.30 p. m. Molly tomaba un plato de alimentos envasados y luego 120 ml de leche maternizada.

A las 5.30 p. m. las niñas subían a la planta alta para tomar un baño. A las 6.30 p. m. Molly tomaba unos 90-120 ml y se dormía de inmediato. Se despertaba dos horas más tarde, tomaba 60 ml más y se dormía hasta aproximadamente la una de la madrugada.

Los padres habían intentado muchas veces despertarla entre las 10 y las 11 p. m. para darle un biberón con la esperanza de que durmiera toda la noche, pero estaba tan profundamente dormida a esa hora que nunca tomaba más de 60 ml de leche maternizada. Normalmente se despertaba otras dos veces y nunca bebía más de 60 ml. Por fin, a las 5 a. m. conciliaba el sueño profundo. Los padres, agotados por noches de sueño interrumpido, estaban tan desesperados que la dejaban dormir hasta las 8.30 a. m. e incluso hasta las 9 a. m.

Molly tomaba un promedio de 720-780 ml diarios de leche maternizada, cantidad casi normal para un bebé de su edad. El problema era que casi la mitad de esa cantidad la tomaba entre las 9 p. m. y las 5 a. m., en vez de hacerlo entre las 7 a. m. y las 7 p. m.

El otro gran inconveniente era que tomaba muy pocos alimentos sólidos y ninguno era nutritivo. Se la alimentaba exclusivamente de comida envasada, con un gran contenido de agua, azúcar, maltodextrina (algo que se suele poner en la parte posterior de los sellos de correos) y otros componentes. Los estudios realizados por la Comisión de Alimentos confirman que el contenido de pollo en algunos envases de pollo a la cacerola es tan bajo que no supera el 4 por 100. No es sorprendente que Molly estuviera muy por debajo de su nivel normal de crecimiento. Decidí que Molly empezaría por la primera etapa del programa de destete. Mi objetivo principal era que tomara un biberón completo de leche maternizada por la mañana al levantarse y por la noche antes de irse a dormir, y que se acostumbrara a comer alimentos nutritivos. A fin de que tuviera hambre por la mañana había que suprimirle la toma de la mitad de la noche. El primer día recorté su toma de las 2.30 p. m., horario en que mejor comía, a 90 ml y suprimí los alimentos sólidos de las 4.30 p. m. A la noche después del baño tomó 180 ml, que era más de lo normal. También le di dos pequeñas cucharadas de arroz para bebés mezclado con 30 ml de leche maternizada. No se despertó hasta las 9 p. m., aunque se despertó como siempre a la 1 y a las 4 p. m. En ambas ocasiones le ofrecí una pequeña cantidad de agua azucarada y la traté cariñosamente hasta que se durmió. Se despertó a las 6.45 a. m. y por primera vez en su vida tomó los 240 ml de leche maternizada en diez minutos.

Decidí no darle el desayuno por unos días hasta que se adaptara al biberón, a la comida del mediodía y a la merienda. A las 11 a. m. le ofrecí otros 240 ml de leche maternizada, de los cuales tomó 210 ml. Y seguidamente tomó también unas pocas cucharadas de puré de patatas y papilla de zanahorias. Cuando se despertó a las 2.30 p. m. le di una pequeña toma de 150 ml. Sabía que le apetecería un poco más, pero pretendía que a la hora de acostarse comiera realmente bien.

Alrededor de las 5 p. m. se mostró muy irritada. Entonces la dejé mordisquear una galleta para bebés cuya mayor parte fue a parar al suelo, pero se entretuvo hasta la hora del baño. Después del baño y a las 6 p. m. tomó 210 ml de leche maternizada y luego arroz para bebés y papilla de frutas.

En cuanto a su ritmo de sueño, ese día apliqué el programa de actividades para un bebé de cuatro meses; es decir, darle tiempo para que se durmiera sola. Protestó brevemente, pero se adaptó muy bien. Lloró durante 20 minutos cuando la llevé a dormir a las 7 p. m. y no la volví a escuchar hasta las 3 a. m.

Como la noche anterior, volví a ofrecerle agua azucarada y la mimé hasta que se durmió. Repetí el mismo procedimiento los siguientes tres días y gradualmente comenzó a comer más sólidos hasta que llegó a ingerir una cantidad razonable para un bebé de su edad. Además, aceptaba de buen grado el biberón.

Todavía se despertaba una vez por la noche, pero solo para tomar un poco de agua hervida templada y volverse a dormir. Era hora de que aprendiera a dormirse sola por las noches. Había conseguido organizarle las siestas diurnas y su alimentación y tenía confianza en que abandonaría el hábito de beber agua muy pronto. La primera noche lloró intermitentemente 40 minutos, la siguiente fueron 30 minutos y la última noche solo lloró 15 minutos y luego se durmió de 7 p. m. a 6.45 a. m.

Dos semanas más tarde suprimimos la toma de leche de las 11 a. m. y volvimos a introducir el pollo a la cacerola al mediodía. Sin embargo, Molly tuvo serios problemas de estreñimiento y comenzó a tontear otra vez con la comida. Sugerí que no le diéramos proteínas y almidón en la misma comida. Y así resolvimos el problema.

Durante tres meses más seguimos ofreciéndole los sólidos después del biberón de las 6 p. m. En un par de ocasiones le dimos los sólidos a las 5 p. m. y no hizo la toma completa a las 6 p. m. Esto dio como resultado que se despertara a las 5 a. m. en vez de a las 7 a. m., como era su costumbre.

Molly tenía algunas dificultades con el ritmo del sueño, pero yo no creo que fueran ciertas asociaciones erróneas las que causaban que se despertara por la noche. Estoy convencida de que el problema real era una mala organización de las tomas de leche y un destete demasiado temprano con alimentos sólidos que no eran los adecuados. Me complace poder decir que Molly empezó a aumentar de peso y siguió durmiendo bien.

Segunda etapa: de los seis a los nueve meses

Durante la primera etapa del destete, la leche aún suministra a su bebé todos los nutrientes que necesita. En la segunda etapa, los alimentos sólidos se deben introducir de forma paulatina para ofrecer al bebé más nutrientes diarios. Debe usted organizar tres comidas equilibradas por día. Casi todos los bebés de esta edad aceptan de buen grado alimentos de sabor más fuerte. También disfrutan con distintas texturas, colores y presentaciones. Los alimentos deben servirse en forma de puré y se debe evitar mezclarlos. No es preciso cocinar la fruta, se puede rallar o preparar una papilla. A esta edad el bebé comenzará a llevarse comida a la boca. La fruta, los vegetales ligeramente cocinados y el pan tostado se puede utilizar para que un niño coma con la mano. A esta edad los chupará y los estrujará entre los dedos más que comerlos, pero aun así, darle la oportunidad de comer solo estimula buenos hábitos alimenticios futuros. Cuando el bebé sea capaz de comer con la mano, láveselas siempre antes de una comida y nunca lo deje solo mientras come.

Alimentos que se debe introducir con precaución

En esta etapa se introducen el pollo, el pescado y la carne. Compruebe que no hay huesos ni espinas y retire la grasa y la piel. Algunos bebés encuentran muy fuerte el sabor de la proteína cocida en su propio jugo. Intente cocinar el pollo o la carne en una cacerola y el pescado en una salsa de leche hasta que el bebé se acostumbre a la diferente textura y gusto.

Los productos lácteos y el trigo también puede introducirse en esta etapa. La leche entera de vaca se puede usar para cocinar, pero no como bebida hasta el año de edad. Se debe introducir todos estos alimentos de una forma gradual y es aconsejable tomar nota de cualquier reacción que pudiera presentarse.

Introducir la taza

Una vez que se incluye la proteína al mediodía se debe reemplazar la leche por una bebida de agua o zumo bien diluido ofrecido en una taza. Casi todos los bebés de seis meses pueden tomar sorbos de líquidos y tragarlos, y se los debe estimular ofreciéndole la bebida de la comida del mediodía en un vaso o taza. No se preocupe si el bebé solo bebe una pequeña cantidad en esta comida; probablemente beberá más en su toma de leche de las 2.30 p. m.

Desayuno

Ahora se puede introducir trigo sin refinar y sin azúcar; elija uno fortalecido con hierro y vitaminas del grupo B. Si el bebé lo rechaza, intente agregarle un poco de papilla de frutas o fruta rallada. Puede animar a su bebé a que coja la comida con la mano ofreciéndole una tostada con mantequilla. La mayoría de los bebés aún se desesperan por tomar la leche en primer lugar cada mañana, de modo que déjele tomar dos tercios de su toma de leche.

Comida del mediodía

En esta etapa muchos bebés toman un buen desayuno y luego entre las 11.45 a. m. y las 12 del mediodía hacen otra comida. Cuando haya introducido pollo o pescado, debe reemplazar la toma de leche por el agua o el zumo bien diluido ofrecido en una taza. Intente que su bebé tome casi todos sus alimentos sólidos antes de ofrecerle una bebida. Necesita una ración de proteínas al día, y las lentejas y las legumbres en general son una buena alternativa para el pollo o el pescado.

Merienda

En la segunda etapa del destete, el arroz y la fruta que se le ofrecían después de la toma de leche de las 6 p. m. se reemplazarán con una merienda completa a las 5 p. m. Pueden ser alimentos presentados en pequeños bocadillos o una patata asada o pasta servida con vegetales y salsa. Algunos bebés están cansados e inquietos a la hora de la merienda. Si el bebé ha tomado un desayuno y una comida equilibrados, usted puede relajarse a la hora de la merienda. Si el bebé no come mucho, ofrézcale un poco de pudín de arroz o un yogur. Luego puede darle agua en una taza, pero no le permita beber demasiado, pues afectaría la última toma de leche.

La toma de leche de la hora de dormir es muy importante aún, y si el bebé empieza a recortarla, compruebe que no lo está alimentando excesivamente con sólidos.

Requisitos diarios

En esta etapa su bebé debe estar encaminado a tomar tres comidas completas por día, que deben incluir dos o tres raciones de carbohidratos, tal como cereales, pan y pasta, al menos dos raciones de vegetales y fruta y una de carne, pescado o puré de legumbres. A los seis mese el bebé ha utilizado todo el hierro que traía al nacer. Es muy importante que la dieta lo provea de la cantidad correcta de hierro, pues entre los seis y los doce meses necesita una gran cantidad del mineral. Para favorecer la absorción de hierro sirva siempre los cereales y la carne con frutas o vegetales y evite ofrecerle leche para beber al mismo tiempo que las proteínas, porque esto reduce el contenido de hierro en un 50 por 100.

El bebé aún necesita 500-600 ml de leche materna o leche maternizada por día, incluida la leche para mezclar los alimentos. Si su hijo empieza a rechazar la leche, ofrézcale más queso, salsas a base de leche y yogur.

Tercera etapa: de los nueve a los doce meses

En esta etapa su bebé debería comer y disfrutar de todo los tipos de alimentos, excepto los que tienen gran contenido en grasa, sal o azúcar. Se debe evitar aún los cacahuetes y la miel.

Es muy importante que su hijo aprenda a masticar correctamente. Los alimentos se deben picar o cortar en dados, aunque la carne aún debe ser desmenuzada. Es un buen momento para introducir vegetales crudos y ensaladas.

Intente incluir en cada comida alimentos que el bebé pueda coger con las manos, y estimule sus intentos de coger la cuchara. Es importante que disfrute de sus comidas, aunque una cierta cantidad termine en el suelo. No pierda de vista al bebé mientras come solo.

Desayuno

Estimule al bebé para que tome parte de su leche en una taza. Al final del primer año debe tomar todo el desayuno usando la taza. Intente darle 200 ml de leche a esta hora, dividida entre una bebida, y la otra parte mezclada con los cereales. Para cambiar puede ofrecerle huevos revueltos una o dos veces a la semana.

La comida del mediodía

Consiste en una amplia selección de vegetales ligeramente guisados al vapor y cortados acompañados de una ración de carne o algo alternativo a la carne. Los bebés son ahora muy activos y pueden estar cansados e irritables alrededor de las 5 p. m. Si toman una comida bien equilibrada, no habrá motivo de preocupación si la merienda es más frugal. Al final del primer año el bebé puede comer con la familia, de manera que deberá preparar la carne sin sal, azúcar ni especias y reservar una ración para el bebé, agregando luego los condimentos deseados para el resto de la familia.

Presente las comidas de una forma atractiva con una variedad de vegetales y frutas de distintos colores. No llene mucho su plato; sírvale una pequeña cantidad y, cuando la termine, vuelva a llenarle el plato. Así evitará el juego de tirar la comida al suelo, tan frecuente en esta etapa. Si su bebé juguetea con el plato principal, rechaza comer y tira la comida al suelo, opóngase con firmeza y retírele el plato. No le ofrezca una galleta ni un trozo de queso media hora más tarde para evitar que el niño repita la escena pensando que le darán algo dulce si arma jaleo. A media tarde se le puede ofrecer una fruta para que coma bien a la hora de la merienda.

Una bebida de zumo de naranja puro, sin azúcar y bien diluido, ofrecido en una taza, favorecerá la absorción de hierro en esta comida. Antes de dejarlo beber deberá haber comido gran parte de los alimentos.

Merienda

Muchos bebés eliminan en esta etapa la toma de las 2.30 p. m. Si le parece que su ingesta diaria de leche es muy baja, ofrézcale pasta y vegetales con una salsa hecha a base de leche, patatas asadas con queso rallado, vegetales asados con queso o pequeños *quiches* en esta comida. Aquí suelo ofrecerle a los bebés pequeñas raciones de pudín de leche o queso fresco, que son buenas alternativas cuando se rechaza la leche. En la merienda debe incluir de forma regular alimentos que el bebé pueda coger con la mano.

El biberón de la hora de acostarse debería desaparecer al año de edad. De modo que en esta etapa acostumbre gradualmente al bebé a tomar menos leche a lo hora de dormir. Puede lograrlo incluyendo una bebida a base de leche en la merienda y luego dándole 150-180 ml de leche en una taza a la hora de acostarse.

Requisitos diarios

Al año de edad no se debería ofrecer al bebé más de 600 ml de leche al día, incluyendo la que se usa para cocinar. Después del año el bebé necesita un mínimo de 350 ml diarios, normalmente dividida entre dos o tres bebidas e incluyendo la leche usada para cocinar o mezclada con los cereales.

La leche entera pasteurizada se puede introducir después del año. Si la rechaza, dilúyala con leche maternizada hasta que acepte de buen grado la leche de vaca. Si fuera posible, compre leche de vaca orgánica que proviene de vacas alimentadas exclusivamente de hierba, a diferencia de la leche inorgánica que proviene de vacas alimentadas con piensos de origen animal. Las vacas tienen dificultad para digerir la carne, y los restos sin digerir se transforman en mucosidad en el aparto digestivo que se excreta a través de las ubres y como resultado la leche tiene un contenido de mucosidad del 30 por 100 comparado con el 5 por 100 de la leche orgánica.

Organice tres comidas equilibradas diarias y evite los tentempiés a base de galletas, tartas y alimentos crocantes.

Respuestas a sus preguntas

P.: ¿A qué edad incluiría sólidos en la dieta de un bebé? R.:
- La mayoría de los bebés no necesitan sólidos antes de los cuatro meses.
- Ocasionalmente un bebé de tres meses que pese más de seis kilos y medio puede necesitarlos antes.
- Si empiezo a destetar a un bebé antes de los cuatro meses, le doy una alimentación muy simple hasta los cuatro meses, por ejemplo arroz orgánico para bebés y papilla de pera orgánica.

P.: ¿Cómo sabré cuándo debo destetar al bebé? R.:
- Si su bebé suele dormir toda la noche y de pronto empieza a despertarse por la noches o muy temprano por las mañanas y ya no se vuelve a dormir.
- Un bebé alimentado con biberón que toma más de 960-1.140 ml diarios y vacía un biberón de 240 ml por toma y pide de comer antes de la siguiente toma.
- Un bebé alimentado con pecho materno que empieza a pedir comida cada dos o tres horas.

- Los bebés alimentados con pecho o con biberón que se muerden las manos notoriamente y están muy irritables entre las tomas.
- Si no está segura, consulte con su pediatra.

P.: ¿Qué pasaría si destetara a mi bebé antes de tiempo?
R.:
- Su sistema digestivo resultaría dañado si no hubiera desarrollado las enzimas necesarias para digerir los sólidos.
- Podría provocar alergias.
- Estudios de diferentes países demuestran que los ataques persistentes de tos y las dificultades respiratorias son más comunes en los bebés destetados antes de las doce semanas.

P.: ¿En qué toma debería introducir los sólidos?
R.:
- Normalmente comienzo por la toma de las 11 a. m., que gradualmente se postergará hasta el mediodía, convirtiéndose en una comida completa cuando el bebé ya se haya adaptado a los sólidos.
- La leche es aún la fuente de nutrición más importante. Al introducir sólidos después de esta toma usted se asegura de que el bebé toma al menos la mitad de su ración diaria de leche antes del mediodía.
- Los sólidos ofrecidos a la toma de las 2.30 p. m. hacen que el bebé coma menos en la toma de las 6 p. m., que es una de las comidas importantes del día.
- Si un bebé muy hambriento no reacciona al arroz en un plazo de tres días, yo se lo ofrecería después de la toma de las 6 p. m.

P.: ¿Cuál es el mejor alimento para comenzar?
R.:
- El arroz orgánico puro para bebés es el alimento que mejor satisface el hambre del bebé. Si lo tolera, introduzca luego un poco de puré de papilla de pera orgánica.
- Una vez aceptados estos dos alimentos, se deberá introducir una variedad de vegetales de los que se nombran en la primera etapa en la página 218.

- En un estudio realizado en la Universidad de Surrey la conclusión fue que los bebés que habían tomado primero fruta prosperaban menos que los que habían comenzado con arroz para bebés. Ellos aconsejan que todos los bebés empiecen comiendo arroz.

P.: ¿Cómo saber cuál es la cantidad de alimentos sólidos que debe tomar mi bebé?
R.:

- Los primeros seis meses la leche es lo más importante, pues le suministra una cantidad equilibrada de minerales y vitaminas, de modo que necesitará un mínimo de 600 ml diarios. Durante el primer mes del destete debe ofrecerle primero la leche, y así estará segura de que toma la cantidad exacta de sólidos que necesita. Esto evita que se reemplace la leche por sólidos con excesiva rapidez.
- Entre los cinco y los seis meses puede darle en primer lugar la mitad de la leche en la toma de las 11 a. m., luego los sólidos y al final más leche. De este modo su bebé reducirá ligeramente la leche y aumentará los sólidos preparándose para un ritmo alimenticio de tres comidas al día a los seis meses.
- Con los bebés alimentados con lactancia materna se puede considerar que cuando toman de un solo pecho toman la mitad de su ración de leche en esa toma.

P.: ¿A qué edad debo empezar a reducir la cantidad de leche que toma?
R.:

- Hasta los seis meses necesitará un mínimo de 600 ml diarios. A partir de los cinco meses utilice la leche para mezclar con el arroz, los cereales y los sólidos, y por lo tanto la cantidad de leche que bebe se reduce un poco, pero su ingesta diaria debe permanecer igual.
- A medida que come más sólidos, se deben recortar las tomas de las 11 a. m. y 2.30 p. m.
- A los seis meses su bebé debe estar adaptado al sistema de superposición de alimentos durante la comida del mediodía.

- Cuando su bebé acepte las tres comidas diarias, introduzca el sistema de superposición de alimentos en el desayuno (véase la página 176)

P.: ¿A qué edad debo empezar a eliminar tomas de leche?
R.:

- Suponiendo que su bebé hiciera cinco tomas diarias de leche al empezar el destete, una vez que tome más sólidos después de la toma de las 6 p. m., debe reducir su toma de las 10 p. m. y eliminarla completamente entre los cuatro y cinco meses.
- La siguiente toma a eliminar sería la de las 11-11.30 a. m. Cuando el bebé tome pollo o pescado al mediodía, la leche se suprimirá y se le dará una taza de agua o zumo bien diluido.
- La toma de las 2.30 p. m. a menudo aumenta durante unos meses, y luego el bebé que tiene entre nueve y doce meses pierde interés en ella y se la puede suprimir.

P.: ¿A qué edad introduciría usted la taza y en qué tomas?
R.:

- Entre los seis y los siete meses es el momento ideal.
- Cuando haya reemplazado la toma de leche del mediodía intente ofrecerle agua o zumo bien diluido en una taza o en un biberón con un pico duro.
- Inténtelo a la mitad de la comida y después de darle algunas cucharadas de alimentos.
- Es importante ser perseverante. Pruebe distintos tipos de taza hasta encontrar la que le guste a su bebé.
- Una vez que tome un poco de la taza, ofrézcasela en las otras tomas.
- El informe del COMA recomienda que no se debería alimentar con biberón a los bebés después del año, porque atenta contra la apetencia de otros alimentos.

P.: ¿Cuándo puedo introducir la leche de vaca?
R.:

- Normalmente introduzco una pequeña cantidad de leche de vaca orgánica para cocinar a partir de los seis meses. El informe del COMA (véase la página 198) afirma que se puede utilizar para cocinar desde los cuatro meses.

- No debería dar a su bebé leche de vaca para beber hasta el año de edad.
- Debe ser siempre leche entera pasteurizada.
- Si su bebé rechaza la leche de vaca, mezcle la mitad de la cantidad con leche maternizada. Una vez que la acepte, aumente gradualmente la leche de vaca hasta que la tome sola.

P.: ¿A qué edad puedo dejar de hacer papillas con los alimentos?
R.:

- Alrededor de los seis o siete meses empiezo a sustituirlas por purés de verduras y frutas cuidadosamente preparados para que no haya grumos, aunque los purés nunca son tan suaves como las papillas.
- Entre los seis y los nueve meses pongo menos cuidado en hacer el puré para que el bebé coma también el puré con grumos.
- El pollo y la carne deben ser desmenuzados hasta los diez meses de edad.

P.: ¿Cuándo será capaz mi bebé de comer con la mano?
R.:

- A partir de los seis meses casi todos los bebés son capaces de comer una pequeña cantidad de su comida con la mano.
- Se deberían ofrecerle trozos de vegetales ligeramente guisados o de fruta blanda.
- Una vez que sea capaz de coger vegetales y frutas, ofrézcale un trozo de tostada o una galleta para bebés.
- A los nueve meses anímelo a agarrar una variedad de alimentos crudos o poco cocidos, o de lo contrario píquelos e introdúzcalos en su comida principal.

P.: ¿A qué edad será capaz de comer solo con una cuchara?
R.:

- Cuando su bebé quiera coger una cuchara, debe dársela para que la sujete.

- Cuando se la ponga repetidas veces en la boca, cargue una nueva cucharada y déjelo que se la lleve a la boca, recogiendo con su propia cuchara lo que se le caiga de la boca.
- Con un poco de ayuda y guía casi todos los bebés a los 12 meses son capaces de comer solos una parte de su comida.
- Observe siempre a su bebé durante las comidas, y jamás lo deje solo.

P.: ¿Cuándo puedo dejar de esterilizar los biberones?
R:.

- Los biberones se deben esterilizar hasta que el bebé tenga un año.
- Los platos y las cucharas pueden dejar de esterilizarse cuando su bebé tenga seis meses. Luego se pueden colocar en el lavavajillas o lavarlos con agua jabonosa caliente, aclararlos y dejarlos secar.
- Entre los cuatro y los seis meses, los cuencos, los utensilios para cocinar y las cubeteras de hielo que se utilizaron para preparar la comida durante el periodo de destete se pueden lavar en el lavavajillas o a mano en agua jabonosa caliente, luego aclararlos y finalmente echarles por encima agua hirviendo antes de dejarlos secar.

P.: ¿Qué alimentos suelen producir alergias y cuáles son los síntomas principales?
R.:

- Los más comunes son los productos lácteos, el trigo, el pescado, los huevos y los cítricos.
- Los síntomas incluyen sarpullidos, mucosidades en la nariz, dificultades respiratorias, tos, dolor de barriga, diarrea, irritabilidad e hinchazón de los ojos.
- Mantener un registro detallado del proceso del destete puede ser de gran ayuda cuando usted intenta encontrar la causa de alguno de los síntomas mencionados.
- Los síntomas enumerados también pueden deberse a los ácaros del hogar, al pelo de los animales, a la lana y también a ciertos jabones y artículos de limpieza del hogar.

- Si tiene alguna duda, consulte con su médico para averiguar otras causas posibles para los síntomas mencionados.

Plan de alimentación para el periodo comprendido entre los cuatro y los cinco meses

	1.ª semana	2.ª semana	3.ª semana	4.ª semana
Introducir	Arroz	Manzana	Boniato	Calabacín
	Pera	Zanahoria	Judías verdes	Nabo

- Al preparar los alimentos asegúrese de que las superficies están limpias y han sido fregadas con un limpiador antibacterias. Utilice los rollos de papel de cocina para limpiar y secar las superficies, pues es más higiénico que los paños de cocina, que acumulan muchas bacterias.
- Se debe pelar cuidadosamente todas las frutas y vegetales, retirando la parte central, las semillas y lo que no esté en buenas condiciones. Se debe lavar muy bien las frutas y los vegetales con agua filtrada.
- Todos los vegetales y las frutas se deben guisar hasta que el bebé tenga seis meses. Se pueden preparar al vapor o hervirlas con agua filtrada. No añada sal, azúcar ni miel.
- En esta etapa los alimentos se deben cocinar hasta que estén blandos como para hacer una papilla de consistencia muy suave. Quizá sea necesario agregar una pequeña cantidad del agua de la cocción para que la consistencia de la mezcla sea similar a un yogur.
- Si se utiliza un procesador de alimentos, retire los grumos con una cuchara y luego colóquelo en las cubeteras de hielo o en los recipientes idóneos para guardarlos en el congelador.
- La comida recién preparada se debe enfriar rápidamente y colocar en el congelador o en la nevera tan pronto como sea posible.
- Cuando utilice productos frescos, envasados o en jarras, intente comprar productos orgánicos que no tienen conservantes ni pesticidas. Evite los envases que indican que se

han utilizados sabores artificiales, azúcares añadidos o componentes como la maltodextrina.

- Introduzca los sólidos después de la toma de las 11 a. m. Prepare con anticipación todo lo que necesita: la silla del bebé, dos baberos, dos cucharas y un paño limpio y húmedo.
- Ofrézcale siempre la leche en primer lugar, ya que sigue siendo el alimento más importante; suministra a su bebé la nutrición que necesita con un correcto equilibrio de vitaminas y minerales.
- Los sólidos en esta etapa son meramente un alimento de relleno para que empiece a probar nuevos sabores. Preparan al bebé para las tres comidas diarias. La ingesta diaria de leche no debería disminuir en esta etapa.
- La comida se debe calentar mucho para eliminar cualquier bacteria. Si utiliza comida para bebé envasada, pase el contenido a un plato y no lo sirva nunca directamente del bote. Los restos de comida se deben descartar y jamás recalentarlos para utilizar otra vez.
- Compruebe que la comida está a la temperatura indicada antes de alimentar al bebé.
- Utilice una cuchara de plástico poco profunda y nunca una de metal que se calienta mucho y puede dañar la boca del bebé.
- Algunos bebés necesitan ayuda para aprender a comer con la cuchara. Colocando la cuchara cerca de la boca y metiéndola contra la parte superior de la boca, las encías superiores del bebé cogerán el alimento y de este modo lo estimula para que coma.
- Cuando le ofrezcan nuevos alimentos, muéstrese muy positiva y sonría. Si lo escupe, no quiere decir necesariamente que no le guste. Todo es muy nuevo para él y los diferentes alimentos generan distintas reacciones. Si rechaza una comida, inténtelo otra vez la semana siguiente.
- Introduzca un nuevo alimento cada tres o cuatro días de forma que pueda ver cómo reacciona su bebé a cada nuevo alimento
- Anímelo a comer más vegetales que fruta, evitando los sabores fuertes como el brécol y la espinaca en esta etapa. Concéntrese en los vegetales de raíz incluidos en el plan de alimentación, pues son dulces.

- Al final del primer mes la comida del mediodía debería ser una selección de vegetales y boniatos. La cena debe consistir en arroz orgánico para bebés y papilla de frutas.
- Deje que su bebé la guíe a la hora de aumentar las cantidades. Apartará la cabeza y se mostrará quisquilloso cuando ya no quiera más.
- Aún necesita al menos 600 ml de leche al día, ya sea leche maternizada o de la madre, de modo que ofrézcale siempre la leche primero para asegurarse de que no aumenta los sólidos demasiado rápidamente.
- Anime al bebé a que se siente en su silla y entreténgalo mientras recoge la mesa. Los paños utilizados para lavar su cara y sus manos se deben poner en remojo con los baberos para evitar que se formen bacterias.
- A los cinco meses el menú diario debe ser más o menos como se indica a continuación:

Desayuno	Toma de pecho o 180-240 ml de biberón.
Comida	Toma de pecho o 180-240 ml de biberón.
	Boniato con algún otro vegetal.
Merienda	Toma de pecho o 150-210 ml de biberón.
Cena	Toma de pecho o 210-240 ml de biberón.
	Arroz para bebés con una pequeña cantidad de papilla de frutas.

Plan de alimentación para el periodo comprendido entre los cinco y los seis meses

	1.ª semana	2.ª semana	3.ª semana	4.ª semana
Introducir	Avena	Chirivía	Mango	Guisantes
	Melocotón	Aguacate	Cebada	Coliflor

- Todos los vegetales y frutas deben ser cocinados al vapor o en agua filtrada hasta que se ablanden, y luego se prepara la papilla. Mezcle con el agua de cocción hasta obtener la consistencia deseada; también puede usar caldo de pollo con los vegetales.

- Introduzca un poco de avena mezclada con la primera toma de leche del bebé y papilla de frutas para el desayuno.
- Una vez que se haya introducido el desayuno, el bebé debe disfrutar de dormir más entre sus tomas. Gradualmente postergue la toma de las 11 a. m. hasta las 11.45-12 del mediodía.
- Una vez que el bebé coma un poco más tarde, puede utilizar el método de la superposición de alimentos (véase la página 176), alternando la leche con los sólidos.
- Una vez introducido el método mencionado, en la comida del mediodía puede empezar a aumentar los sólidos y reducir gradualmente la leche preparando al bebé para que prescinda de ella cuando se introduzcan las proteínas a los seis meses.
- Por la noche asegúrese de que toma al menos 210-240 ml de biberón o una toma de ambos pechos entre las 6 y la 7 p. m.
- La ingesta de leche puede haber disminuido ligeramente, pero el bebé aún necesita al menos 600 ml diarios de pecho o biberón.
- A los seis meses su menú diarios es semejante al siguiente:

Desayuno	Toma de pecho o 210-240 ml de biberón. Avena con papilla de frutas.
Comida	Toma de pecho o 150-210 ml de biberón. Patata o cebada mezclada con una selección de vegetales.
Merienda	Toma de pecho o 150-180 ml de biberón.
Cena	Toma de pecho o 210-240 ml de biberón. Arroz para bebés o cereal sin gluten con una pequeña cantidad de papilla de frutas.

Plan de alimentación para el periodo comprendido entre los seis y los siete meses.

	1.ª semana	2.ª semana	3.ª semana	4.ª semana
Introducir	Pollo	Lentejas	Queso cheddar	Pescado
	Brécol	Espárragos	Guisantes	Plátanos
	Yogur	Trigo	Arroz integral	Pimientos

- Cada día su bebé debería tomar dos o tres raciones de hidratos de carbono, ya sean cereales, pan integral, pasta o patatas.
- El cereal debe ser ahora menos refinados. Elija los que no tienen azúcar y que son ricos en hierro y vitaminas y sírvalos con fruta fresca hecha puré.
- El queso debe ser de leche entera y pasteurizada, preferiblemente orgánico.
- El bebé debe tomar al menos tres raciones de vegetales y fruta al día y una ración de proteínas animales o vegetales.
- Al pollo y a la carne se le debe quitar la grasa, la piel y los huesos. Cocine los vegetales y desmenúcelos con un procesador de alimentos.
- Ahora, en vez de papillas le daremos al bebé puré de vegetales. Y la fruta se puede servir en general cruda, ya sea hecha puré o rallada.
- Introduzca pequeñas cantidades de alimentos par que el niño pueda cogerlo con los dedos, como dados de fruta blanda cruda o de vegetales cocidos. Una vez que pueda con ellos, se le dará tostadas o galletas, asegurándose siempre de que tenga las manos limpias antes y después de cada comida.
- Cuando toma proteínas al mediodía, se debe sustituir la leche por una bebida de agua o zumo bien diluido, si es posible, en taza.
- Un bebé muy hambriento puede necesitar beber algo y tomar una pieza de fruta a media mañana. Se puede usar pequeñas cantidades de mantequilla y de leche entera de vaca (preferiblemente orgánica) para cocinar, pero no se le debe dar la leche de vaca para beber, pues contiene muy poco hierro.
- Aún necesita 500-600 ml de leche maternizada o de leche de la madre al día, incluida la que se emplea en salsas y cereales.
- Al final de los seis meses su bebé probablente pueda sentarse en una silla alta durante las comidas.
- Si su bebé ha perdido algún diente, se lo debe limpiar dos veces al día.
- A los siete meses el menú diario se asemejaría al siguiente:

Desayuno	Toma de pecho o 210-240 ml de biberón. Trigo integral o avena con la leche y fruta o muesli para bebés con leche y fruta. Tostada untada con fruta.
Comida	Pollo a la cacerola o Pescado al vapor con crema de vegetales o Vegetales y pastel de lentejas. Risotto de pollo o Pollo con espárragos y papilla de melocotón. Una bebida de agua o zumo bien diluido en taza.
Merienda	Toma de pecho o 150-210 ml de biberón.
Cena	Patatas asadas con crema de vegetales o Pasta y vegetales con salsa o Caldo espeso de cebada o Pasta con salsa de pimientos rojos o Pan, galletas o tortas de arroz. Pudín de leche o yogur. Una taza pequeña de agua.
Antes de dormir	Toma de pecho o 180-240 ml de biberón.

Plan de alimentación para el periodo comprendido entre los siete y los ocho meses

	1.ª semana	2.ª semana	3.ª semana	4.ª semana
Introducir	Soja	Cordero	Alubias	Col
	Albaricoque	Melón	Ciruela	Tomate
	Calabaza	Espinacas	Aceite vegetal	Hierbas

- Cada día su bebé debe tomar dos o tres raciones de hidratos de carbono, ya sean cereales, pan integral, pasta o patatas.
- Debe tomar al día como mínimo tres raciones de vegetales y fruta y una ración de proteína animal o dos de proteínas vegetales.

- Debe tomar tres comidas equilibradas y beber tres veces leche cada día, ya sea del pecho, del biberón o de una taza. La toma de las 2.30 p. m. debe hacerla con una taza a los ocho meses.
- Todos los vegetales y frutas deben ser triturados o hechos puré. Los frutos secos se deben lavar muy cuidadosamente y poner en remojo antes de dárselos al bebé.
- Se puede utilizar aceite de oliva al preparar los guisos, y al final de los ocho meses se pueden incluir en las comidas algunas hierbas.
- Siga ofreciéndole al bebé dados de fruta blanda cruda, vegetales poco cocinados y pan, galletas o tostadas untadas para que las sujete con la mano.
- Intente que beba todo el zumo diluido o el agua de una taza. Un bebé que toma el biberón debe beber una parte de la leche del desayuno en taza, pero aún necesita mamar de ambos pechos o un biberón de 180-210 ml a las 6.30 p. m.
- Si lo rechaza o reduce su última toma de leche, disminuya la toma de las 2.30 p. m. Si esto fracasa, sustituya la leche de esa toma por zumo bien diluido, aunque si suprime una toma de leche es mejor que lo haga a las 6.30 p. m. y no a las 2.30 p. m.
- El bebé aún necesita un mínimo de 500-600 ml de leche al día. Si no toma esa cantidad, ofrézcale yogur, pudín de leche o más salsas de queso.
- A los ocho meses, el menú del bebé debería ser similar al siguiente:

Desayuno   Toma de pecho o 180-240 ml de biberón.
                    Avena o trigo integral con leche y fruta *o*
                    Muesli para bebés con leche y fruta *o*
                    Tostada untada con frutas *más*
                    Fruta mezclada con yogur.

Comida   Cordero con puré de patatas y zanahorias *o*
                    Bacalao con brécol y salsa de queso *o*
                    Lentejas y lasaña de espinacas *o*
                    Pollo y risotto de tomate *o*

	Cordero con guiso de cebada.
	Agua o zumo bien diluido en taza.
Merienda	Toma de pecho o 150-210 ml de biberón.
Cena	Minestrone espeso y sopa de fideos *o*
	Crema de puerros y sopa de patatas *más*
	Pan, galletas o tortas de arroz untadas *o*
	Guiso de alubias *o*
	Espinaca y pasta al horno.
	Pudín de leche o yogur.
	Una taza pequeña de agua.
A la hora	Toma de pecho o biberón de
de dormir	210-240 ml.

Plan de alimentación para el periodo comprendido entre los ocho y los nueve meses

	1.ª semana	2.ª semana	3.ª semana	4.ª semana
Introducir	Mantequilla	Requesón	Coles de Bruselas	Ciruelas pasas
	Hígado	Guayaba	Higos	Naranjas
	Margarina	Apio	Atún	Yema de huevo

- Cada día su bebé debe tomar tres raciones de hidratos de carbono, ya sean cereales, pan integral, pasta o patatas.
- Debe tomar al día al menos tres raciones de vegetales y fruta y una ración de proteína animal o dos de proteínas vegetales.
- Los vegetales y la fruta con mucha vitamina C deben servirse con proteínas, pues se absorbe mejor el hierro.
- Los higos y las ciruelas pasas se deben lavar cuidadosamente y poner en remojo o guisar.
- Se puede introducir la yema del huevo, que debe estar bien hervido.
- Se debe evitar el atún en salmuera por su alto contenido en sal; opte por el atún en aceite vegetal.

- Su bebé quizá quiera comer solo. En este caso, utilice dos cucharas. Una para él y otra para ayudarlo a meter el alimento en la boca. Ayude su coordinación sosteniéndole la muñeca y guiándolo.
- Al final de los nueve meses un bebé alimentado a biberón debería tomar toda la leche del desayuno en taza, y si pierde interés por la leche, ofrézcale más queso, más salsas o pudines a base de leche.
- Aún necesita 500-600 ml de leche al día, incluida las de las salsas, budines y cereales.
- A los nueve meses el menú diario será semejante al siguiente:

Desayuno	Toma de pecho o 180 ml en taza.
	Avena con leche y fruta o
	Cereal integral con leche y fruta o
	Muesli para bebés con leche y fruta.
	Tostada y mantequilla o untada con fruta.
Comida	Hígado estofado, col y zanahoria picada o
	Pollo con melocotones y ensalada de pasta o
	Guiso de cordero o
	Atún y ensalada de yema de huevo o
	Pollo, brécol y pasta con salsa de nata o
	Pastel de pescado con coles de Bruselas y patatas *lyonnaise*.
	Fruta y yogur.
	Una taza de zumo bien diluido.
Cena	Patatas asadas con queso rallado y manzana o
	Queso y pizza vegetal o
	Lasaña vegetal o
	Sopa de lentejas y zanahorias *más*
	Una selección de pequeños bocadilllos o galletas untadas.
	Pudín de leche o yogur.
	Una taza pequeña de agua.
A la hora de dormir	Toma de pecho o un biberón de 180-240 ml.

Plan de alimentación para el periodo comprendido entre los nueve y los doce meses

	1.ª semana	2.ª semana	3.ª semana	4.ª semana
Introducir	Pescado graso	Clara de huevo	Dátiles	Remolacha
	Bayas	Uvas	Berenjena	Pepinos
	Piña	Alcachofas	Pasas de Corinto	Ternera

- Su bebé debe tomar tres comidas equilibradas al día y unirse a la mayoría de las comidas familiares.
- Durante la etapa final del destete se deben introducir los alimentos mencionados cuando crea que su bebé está preparado. Esto dependerá de cuántos dientes tenga y de lo que sea capaz de masticar.
- Cada día su bebé debe tomar tres o cuatro raciones de hidratos de carbono, ya sea cereales, pan integral, pasta o patatas.
- Debe tomar al día al menos tres o cuatro raciones de vegetales y fruta, incluidos vegetales crudos, y al final del primer año debe comer ensalada de vegetales crudos.
- En esta etapa debe comer solo algunos alimentos, y los vegetales y las frutas se el darán troceados o en rodajas en vez de en puré.
- Necesita una ración de proteína animal o dos de proteínas vegetales.
- Al final del primer año ya debe comer el pollo, la carne y el pescado troceados.
- No se deben mezclar diferentes alimentos. En esta etapa le llamará más la atención el color y la textura, de modo que prepare las comidas para que sean atractivas.
- Algunos bebés eliminan la toma de las 2.30 p. m. Si no toma 350 ml entre dos tomas e incluyendo la leche con la que prepara sus comidas, ofrézcale más queso y yogur.
- Al año de edad necesita un mínimo de 350 ml de leche diaria, incluida la que se mezcla con el cereal, la de las salsas y los pudines.

- Los bebés alimentados a biberón deberían tomar su desayuno en una taza, y al año de edad se debería reemplazar el último biberón por leche en taza.
- A partir del año puede beber leche de vaca entera, pasteurizada y, si es posible, orgánica.
- Al año de edad el menú diario del bebé sería aproximadamente como el siguiente:

Desayuno	Leche en una taza ya sea de la madre o maternizada.
	Trigo integral o avena con leche y fruta o
	Muesli para bebé con leche y fruta o
	Huevos revueltos en una tostada.
	Pan tostado untado más yogur y fruta en trozos.
Comida	Pollo frío con ensalada de apio y manzana o
	Albóndigas de ternera en salsa de tomate con col y patatas a la crema o
	Hamburguesas de atún y vegetales variados.
	Una taza de agua o de zumo bien diluido.
	Yogur y fruta fresca.
Merienda	Leche, agua o zumo muy diluido en taza.
Cena	Sopa espesa y bocadillos salados o
	Pizza vegetariana con ensalada verde o
	Garbanzos y croquetas de espinaca con salsa casera de tomate o
	Lentejas y lasaña vegetal.
	Una taza pequeña de leche, agua o zumo muy diluido.
A la hora de dormir	Toma de pecho o biberón de 180 ml.

Lecturas recomendadas

Annabel Karmel´s Baby and Toddler Cookbook, Ebury Press, 1995.

Annabel Karmel´s Small Helpings, Ebury Press, 1997.

The Baby and the Toddler Sleep Programme, del profesor John Pearce, Vermilion, 1997.

The Great Ormond Street New Baby and Child Care Book, Vermilion, 1996.

The New Complete Baby and Toddler Meal Planner, de Annabel Karmel, Ebury Press, 1998.

Solve Your Child´s Sleep Problems, de doctor Richard Ferber, Dorling Kindersley, 1985.

Your Child´s Symptoms Explained, del doctor David Haslam, Vermilion, 1997.

6/16 ⑤ 3/14